現在映画批評・映画評論

日本映画が色とりどりに、豊かに花開くために

羽渕　三良

目次

第五章　私の人生とたたかい／実践女子学園民主化闘争、民主的映画運動、映画批評・映画評論……………………181

まえがき

本書は私の七冊目の本である。七冊の中での、本書の特徴をまず述べたい。

一つは映画評論家山田和夫さんの思い出や実績を少しでも多く書き残すこと。私は六冊目の本『現在映画評論―映画評論家山田和夫さんから受け継ぐべきこと』（二〇一三年／光陽出版社／13頁から56頁）で、六〇年安保の直後、映画監督大島渚氏らのグループが、山本薩夫監督作品『松川事件』『武器なき斗い』などを全面否定、『山本薩夫抹殺論』の攻撃をかけてきた時、これに対して、総反撃した山田さんの功績を明らかにするなどしてきた。そして、その本を知人、友人、各分野の巾広い人たちに送り、それを読んでいただいた。そうしたら、その人たちの五十九名の方々から感想や意見をいただいた。今回七冊目にこれらの意見、感想を「想定外の沢山の感想や意見をいただいた」という一つの文章にまとめ、第二章『書評』の章に掲載した。

「山田和夫さんの業績を改めて覚えさせられました」「何としても山田和夫さんのお仕事を多くの人に伝えていかなければ、と思っていたので、嬉しくなりました」。そして映画研究者の平沢清一さんからは、「山田和夫さんの業績を受け継ぐスタート」となっている。以上のような意見をいただいた。こうした皆さんの意見や感想が、山田さんの功績を明らかにする点で、（六冊目の本『現在映画評論―映画評論家山田和夫さんから受け継ぐべきこと』を少しでもプラスして、明らかにしたことで、）一層浮き彫りにするという貢献になったのではないかと思う。それらの一文を読んでいただければ幸いです。

二つ目の本書の特徴は、本書の中に私以外の、私に関する文章が登場していること。一人は十数年間私が勤務していた実践女子学園の教師だった同僚で唯一無二の親友・長嶋剛一さんである。長嶋さんは学園民主化闘争の中の私の闘いぶりや、『晴天のへきれき』ともいえる―「私を日本共産党の専従になってほしい」という党からの申し入れの重大事態について。結論として私が皆さんにもおされて、学園を退職するということになりましたが、その件でその時に起きた数々の出来ごとのこと。さらに、私が日本共産党の専従になって、東京の伊豆諸島の三宅島を米軍基地化しようとする、日米の攻撃、それに対する三宅島島民を先頭とする反対大闘争に参加。私は現地の責任者として闘った。そうしたことについて長嶋さんは、あまり知られていない私の人生について明らかにしてくれている。

二人目に本書に登場するのはカメラマンの堀田泰寛さん。私は五冊目の本『現在映画批評・映画評論―今日に問う』の中で、二〇〇八年映画『靖国』をめぐって、自民党靖国派からの、この映画の政治的介入問題が起き、これについて私は論評をした。カメラマンとして堀田さんはこの映画を撮影した。どのように感じながら仕事をされたのか、またその後に、私の前述の論文を読んでどう感じられたかなど語っていただいている。

そして、三人目は日本映画復興会議の代表理事の桂荘三郎さんである。私は党の定年退職後、日本映画復興会議に加わり、桂さんらと今日も一緒に仕事をしている。その桂さんが私の復興会議での仕事ぶりや、私の評論活動について、丁寧に語っていただいている。

三番目の本書の特徴は、例えば第二章の『書評』の中で、教師仲間の友人・水野尾孝さんが、私の本『現在映画評論―映画が自由を奪われないために』の書評を書いてくれている。この書評をより理解してもらうためには、書評の本文もセットで読んでいただくと、両者の理解が進むのでは、と考え、私の本の以前の論文を再録させていただいている。そういう箇所がいくつかあります。

本書の特徴の四番目は『日本映画時評』という章を取り入れていること。例えば、『日本映画の実態を掌握し製作活性化の方策をさぐる』。これは私が日本映画復興会議に参加したてのころ、それのためのチームを作り、あちこちの現場を取材。それを私がまとめて方策を考えたもの。この論文を読むと日本映画界の2001年度当時の状況が手にとるようにわかる。一つは、メジャーの東宝・松竹・東映などが、映画製作から手を引いて、大手は独立プロの作品や外国映画作品を買って、配給・興行を主とした事業としようとしたこと、そして具体的には、松竹の大船撮影所の売却に見られる如く。そして、テレビ局が映画製作に積極的に参加する頃。

一方、『文化芸術振興基本法』が成立、そして一九九一年から、日本芸術文化振興会の映画製作への助成・支援が始まり、それ以前より作品数が増え、良質の映画作品が増え始めたこと、など、など。

五番目に、世界と日本の多様な映画の紹介をし、当時直接それらの映画を見られた人や、見られなかった人も作品評を読んでいただいて、映画を楽しんでもらえれば。

そして、終わりに私は来年三月（二〇一八年）八十二歳になる。今年の（二〇一七年）の一月には大病をわずらった。幸いにしていま回復し、民主的映画運動や映画評論の活動にほぼもどることができた。これからも年齢からいっても困難が待ち構えているでしょうが、私はその時にも少しでも日本映画の抜本的な再生に役立つことを見つけ、斗いながら書き、書きながら斗い、『日本映画が色とりどりに、豊かに花開くために』活動できれば、と思っている。

二〇一七年一二月一日

羽渕　三良

第一章

映画評論家山田和夫さんの意思を受け継ぐ

（1）山田和夫さんを偲ぶ

巨星が墜つ

映画評論家であり、映画理論家であり、映画史家でもあり、さらに映画運動のリーダーでもあった山田和夫さんが2012年8月11日84歳で亡くなった。今日日本の映画界でこれほどまでに多方面で多くの仕事をした人はそう見つからないし、これからも山田さんのような人はなかなか出てこないのではなかろうか。

山田和夫氏

山田さんは旧制中学四年生の時、海軍に志願。軍国少年であった。敗戦の8月15日には倉敷海軍航空隊で特攻隊『震洋』の基地にいた。「敗戦が一週間遅れていたら戦死していたよ」とよく語っていた。旧制高校の時、山田さんはGHQ指導のもとに作られた憲法九条をテーマとする映画『戦争と平和』（監督山本薩夫・亀井文夫）を観て、アジア・太平洋戦争が侵略戦争であることを知り、「映画が私を救ってくれた」と言っていた。山田さんの映画の出発点はこの時であり、侵略戦争の体験が山田さんの反戦・反核・平和・反権力の映画の仕事の内容と方向を決めたといってよい。

山田さんは東大に入り『東大自由研究会』を組織し、戦前書かれた『エイゼンシュテイン映画論』（袋一平訳）を読み、エイゼンシュテインの研究と普及の活動に乗り出した。そして1959年『戦艦ポチョムキン』の自主上映運動を促進。それを大成功させ、日本人は戦前において見ることができなかったこの古典的な名作を見ることができるようになった。そして、1990年には『エイゼンシュテイン・シネマクラブ（日本）』を設立。また20年かけて『エイゼンシュテイン全集』全九巻（キネマ旬報社）を発行したことは世界に誇ってよい業績である。

山田さんは東大を出て映画業界紙でおよそ10年間働いた。反戦平和の方向と同時に「この仕事が私の映画研究、映画評論、映画運動のもうひとつの方向を決めた。それは大変よかった」とよく言っていた。

つまり、日本の映画産業のあり方を根底に関連させて映画を見、映画を研究し、映画の運動を起こすという、山田さんの仕事が始まった。「日本の大手といわれる東宝などの映画会社は自分の会社では映画を作らず、独立プロの作った映画を配給興業していて、いってみれば、それは不動産会社のようなものだ」とも言っていた。このことは山田さんの他の追随を許さない特徴のある仕事の内容のひとつである。

その後山田さんは『しんぶん赤旗日曜版』の記者にならないかと要請された。そうすれば不安定な映画評論家などとの生活から一定程度の生活が約束されたが、山田さんは熟慮した結果それを断り、日本でも世界でも映画のより広い仕事ができるように、世界に向けてさらなる大出発をした。

モスクワ映画祭、アメリカと戦うベトナム映画人や中国映画人、さらにキューバ映画人らとの交流などで、世界の映画評論家・映画研究家・山田和夫と羽ばたいた。

山田さんについて忘れてはならないのは、映画運動のリーダーとしての業績である。『日本映画復興会議』『映画人九条の会』『エイゼンシュテイン・シネマクラブ（日本）』『全国映連』『全国映画センター連絡会議』『親子映画』など、沢山の運動体を組織、あるいは役員を引き受け、日本の映画や映画界の民主的発展のために献身した。全国のあちこちの映画サークルに出かけ、日本映画の向上のためには「映画の鑑賞者の鑑賞能力を高めなければならない」と訴え続けた。

また、山田さんの仕事の大事な内容として反権力の斗いを決して忘れてはならない。アメリカ映画界で反共産主義と闘う『ハリウッド・テン』の闘争を調査し研究し、『ハリウッド良心の勝利』（新日本出版社）という本を出版し、また、日本では60年安保闘争の後、大学教授や映画界の中でも「挫折」という状況が現れ、民主的映画の代表・山本薩夫監督の『武器なき斗い』などの作品に対して、一部の映画人から『山本薩夫抹殺論』という攻撃が行われた。これに対して山田さんは敢然と評論で反論した。どちらに大義があったかは、今日までの歴史が明らかにするところである。

最後に、山田さんが以上のような大きな仕事ができたのは、映画評論家というわずかばかりの原稿料では経済的に不可能であり、山田さんのそれらの仕事を土台で支えたのは、山田さんの奥さんの雅子さん（矢島雅子／高校の先生）の財政的な支えなくしてはなしえなかったこと。そして、雅子さんは前述の『エイゼンシュテイン全集』全九巻の翻訳者チームの一人であったことも付記しておく。

『今井正通信（第44号）』
2013・1・1発行
今井正監督を語り継ぐ会
『現在映画評論―映画評論家山田和夫さんから受け継ぐべきこと』（二〇一三年出版から再録）

（2）新藤兼人監督と映画評論家山田和夫さんについて語る

二人は日本映画の再生向上を願って、
支援し激励し合った唯一無二の親友であり同志であった。
新藤兼人監督は2012年5月29日に100歳で、映画評論家山田和夫さんは同年8月11日に84歳で亡くなった。『エイゼンシュテイン・シネマクラブ（日本）』という団体で新藤さんは顧問。山田さんは代表、私は運営委員。日本映画復興会議では山田さんは最後は顧問で、新藤さんはいわゆる日本映画復興会議復興賞を3回、日本映画復興大賞1回受賞、私は現在は幹事。二人の晩年の10数年間は、それらの団体で一緒に仕事をし、また近くで仕事を見てきた私である。

その立場からして、二人の間柄を適確にどう表現すればよいのか。私は率直に言ってこの小文のテーマに書いたように「日本映画の再生と向上を願って～唯一無二の親友であり同志であった」というのが、最もふさわしいのではないかと思う。今回、その理由のいくつかを書いて見たい。

二人の出合いのスタートは第2回モスクワ映画祭（1961年）、『裸の島』が爆発的に全世界に波紋、累積赤字を解消

第2回モスクワ映画祭で山田さんと新藤さんはモスクワで2週間ほど一緒に過ごした。山田さんは同映画祭の日本側の担当、山田さんは新藤さんの合意をえて、映画『裸の島』（1960年）を同映画祭に出品。ここで突発的な大事件が起こる。『裸の島』が「映画祭2日目に上映されると同時に爆発的な反響が波紋を広げ、世界各国のバイヤーが新藤さんを追いかけ回した。なかには札束をにぎって現金取引を試みる人物までいた。新藤さんは通訳に命じて世界地図をかってこさせ」「話のついた地域をペンでぬりつぶした。」「映画祭の最終日『裸の島』のグランプリが発表され」「世界六十三ヵ国と契約」「世界地図はあらかたぬりつぶされ」「『近代映協』はこの時の世界的成功で創立以来の累積赤字を一挙に解消した」（『日本映画の歴史と現代』／山田和夫）。

新藤兼人氏

この内容からわかるように『裸の島』の作品の力と、山田和夫さんの同作品のモスクワ映画祭への出品のサポートが、まさに合体して映画『裸の島』は世界的に大いに評価されるし、『近代映協』の独立プロも倒産せず、今日まで存続することになった。もし、かりにこの時の巨額の収入がなかったとしたら、新

『裸の島』（1960）

藤監督のその後の沢山の名作も生まれなかったか、ということになる。これが私がいう二人の「唯一無二の親友であり、同志である」始まりである。

　第2回モスクワ映画祭の『裸の島』の大反響による多額の収入と新藤監督の映画『第五福竜丸』（１９５９年）との関係について、新藤さんは別の所で次のように語っている。『第五福竜丸』の映画を作ろうとして焼津に行き、「宿屋に泊まったんですけど、宿賃が払えないんですね」「飯は出していただいて」「たまねぎを買ってきて、それを微塵に切って、それに鰹節をかけ、醤油をかけて」食べた。そして第2回モスクワ映画祭で映画『裸の島』に「サインして売るたびにもう焼津が頭に浮かんできて」「それで宿賃を払いに行ったんですよ」「ご主人も吃驚しているような感じで、「本当はもうその辺で潰れて」いたのに。「上手くいっ」たのがモスクワ映画祭の『裸の島』の多額の収入だったことを「映画人九条の会４・14映画と講演の集い　映画『第五福竜丸』について語る！」（２００５年４月14日）で新藤さんは秘めていた胸の内を以上の如く明らかにしている。

新藤さんは『エイゼンシュテイン・シネマクラブ（日本）』設立に協力、山田さんは日本映画復興大賞授与で応える

エイゼンシュテインという旧ソ連の映画の名監督をご存知であろうか。19世紀の終盤から20世紀中盤にかけて活躍し、『戦艦ポチョムキン』などの世界的にも有名な古典的な名作を残した人。と同時にエイゼンシュテインは映画を大衆啓発の「道具」として、当時のソビエト政権の革命と社会主義の思想を伝達する方法を探求し、モンタージュという理論を確立した。戦前日本にも映画『戦艦ポチョムキン』は横浜の税関までやってきたが、当時の天皇制権力は「国民に見せるのはよくない」としてフィルムを送り返した。山田さんは、『東大自由研究会』（1948年）のころからエイゼンシュテイン研究会を始め、1956年から仲間たちとエイゼンシュテインの名作『戦艦ポチョムキン』の自主上映運動を大成功させてきた。『戦艦ポチョムキン』という映画は「オデッサの階段」の6分間の部分がとりわけ有名である。乳母車とその中の赤ん坊。美しい女性（母親）が倒れ、母親が乳母車から手を離して、赤ん坊を乗せた乳母車だけが奈落の底へと、階段を大きく揺れながら落ちていく。恐怖とサスペンスの場面である。山田さんは「民衆の悲劇と不幸を象徴し、それらを凝縮し

山田和夫氏

ている」とよく解説をしていた。

他方、新藤監督も戦前伊藤大輔『忠治旅日記』三部作―『甲州殺陣篇』『信州血笑篇』『御用篇』（1927年）などの作品からモンタージュ理論について強い関心を持ってきた。そして日本映画復興会議などの集いで、新藤さんはモンタージュ理論の優れた内容をよく語っていた。山田さんは新藤さんらの協力を得てできあがったのが、『エイゼンシュテインシネマクラブ（日本）』の発足（1990年）」（エイゼンシュテインの日本における研究・普及の拠点）である。今日も同クラブは継承され毎月例会を行っている。前述したように新藤さん、山田さんは亡くなるまで同クラブの顧問と代表で活躍した。この二人が力を合わせてはじめて、『エイゼンシュテイン・シネマクラブ（日本）』は設立されたといってよい。

新藤さんの日本映画復興会議の復興大賞の受賞の方はどうか。同会議は1961年に設立された。初代議長は今井正監督で、二代目議長には山本薩夫監督が後継した。山本監督が議長の時、「日本の平和と民主主義を守り、戦争に反対し、ヒューマニズムの理念に徹した日本映画界の業績」を表彰するとして、『日本映画復興賞』発足させ、今日まで歴史を刻んでいる。2011年度第29回目の復興賞として『一枚のハガキ』の新藤兼人監督と俳優の西田敏行さんが受賞した。新藤さんは1988年度の第6回目も復興賞を受賞し、中でも2005年度の第23回の際、唯一人「第1回日本映画復興大賞」を受賞している。新藤さんに第1回復興大賞を推薦したのは山田さんであり、その受賞文を書いたのも山田和夫さんであった。その文章は次の内容である。

> 第1回日本映画復興大賞
>
> 新藤兼人殿
>
> 貴方は1934年に美術の現場から映画界に入り　戦後第一級のシナリオ作家としてデビュー　1950年独立プロ・近代映画協会を創立　1951年から監督業にも進出　世界的な巨匠へと登りつめました　その間　深い人間洞察と熟達した映画作法　とりわけ反戦反核平和への信念によって　日本映画人の範たる輝かしい業績を積み重ねています　私たちは貴方の生きざまこそ　日本映画の再生と発展に限りなき勇気と励ましをあたえるものとして　第1回日本映画復興大賞を贈り　その功績を讃えます

二人は反戦反核平和、反権力の信念で映画を制作し映画評論・理論を行ってきた

新藤さんも山田さんも反戦反核平和・反権力の信念でそれぞれの仕事をし続けてきた人たちである。まず反戦反核平和のことでいえば二人の年齢は16歳差があるが、アジア太平洋戦争の

実戦に参加した点に共通点がある。それがその後の反戦反核平和へのそれぞれの思想を自らの中に創り上げてきた歴史的な背景となった。新藤さんは8月6日原爆を投下された広島市に生まれ、さらに1944年4月に松竹大船撮影所の脚本部に籍がある時、兵隊に召集され、その体験は新藤さんの最終作『一枚のハガキ』に見るとおりである。新藤さんの反戦反核平和の映画群は『原爆の子』『第五福竜丸』『さくら隊散る』など名作揃いである。

山田さんの方はどうか、旧制中学四年生の時予科練に志願。1945年8月倉敷海軍航空隊で水上特攻隊『震洋』の要員となる。敗戦があと数週間遅ければ戦死してた、と山田さんはよく語っていた。そして旧制の高知高校生の時、GHQの指導で作られた憲法九条をテーマとする映画『戦争と平和』を見て、「あの戦争が侵略戦争であったと理解」「映画が私を救った」(『私の映画大学』)といっている。その後山田さんは反戦反核平和の仕事を貫き通した。それは山田さんが亡くなって『しんぶん赤旗』に寄せられた読者の言葉が何よりも明らかにしている。

大阪・富田林市　今市五郎（62歳）

「映画評論家の山田和夫氏が亡くなられた」「山田氏の評論は理論的かつ明快だった。特に戦争映画による巧妙なイデオロギー操作に対して徹底した批判を展開した。それはご自身が特攻隊員の生き残りとして、戦争がもつ魅力（魔力？）を何よりもよく理解していたからであろう。

赤狩りに抗したハリウッドスターや監督のエピソード、A・ヘプバーンが少女時代に反ナチ闘争に参加していた話などは、映画『カサブランカ』と重なって、胸が熱くなったのを思い出す」（『しんぶん赤旗』２０１２年9月5日）

山田洋次監督は「君付けで呼んでくれた山田和夫先輩のこと」という文章を『しんぶん赤旗』に寄せている。「山田さんは組織者として日本映画界の民主化のためにこつこつと身を粉にして働きつづけられました。全国映連、映画大学、エイゼンシュテイン・シネマクラブなどの集まりには常にこの人があった」（『しんぶん赤旗』２０１２年8月28日）と。

最後に新藤さんと山田さんの反権力などの闘いはどうだったのか。それぞれ一つずつの例を書いておくことにする。

アメリカ占領期の日本映画界で松竹66人、大映30人、東宝13人、日映25人、理研３人のレッドパージ。その中の一人『裸の島』などの新藤兼人監督のカメラマンとして一緒に仕事をしていた黒田清己氏のことをふくめ、新藤さんの著書『追放者たち—映画のレッドパージ』（岩波書店１９８３年1月）で新藤さんはこれらの不当な弾圧事件を告発している。他方山田さんの方はどうか。60年安保闘争で安保条約が「自然成立」して、一部の映画人らが民主的映画の代表・山本薩夫監督の『武器なき闘い』などを、安保闘争を「挫折」させたブルジョア議会主義

新藤さんが山田さんに会えなかった日本映画復興会議50周年授賞式（2011年5月21日）

の映画と決めつけ、『山本薩夫抹殺論』を扇動した。山田さんはこの不正不当な攻撃に対して、敢然と反論活動を展開。今日、どちらが正しかったかは、歴史が証明している。

後に、新藤さんと山田さんは2011年5月21日、日本映画復興会議50周年記念第28回日本映画復興賞の贈呈式&祝賀会で会うはずであった。場所は東京NHK青山荘。新藤さんは日本映画復興会議50周年記念復興賞受賞と山田和夫さんに会うために、車椅子に乗り押されて時間前に現れた。山田和夫さんはその時よりおよそ2年半前の夏、新宿で脳梗塞で倒れ病院に入院中。それでも前日まで医師の付き添いで青山荘にきて新藤さんと会えることになっていた。

だが当日山田さんは高熱で無念にも欠席。長年の唯一無二の親友であり同志であった山田さんに会えなかった新藤さんはこの日、「ここに山田氏がいなくてとても残念。山田和夫氏のロシア映画への貢献は偉大であり、まだまだ、ロシア映画の素晴らしさを若い人にも伝えてほしい。それが日本映画の発展にもつながる。山田さんの病気の回復を願う」と集まっている人たちに向けて語りかけた。山田さんの代わりに出席していた山田夫人は、新藤さんの言葉に感謝の意をのべ、「山田和夫に伝えたい」とむすんだ。

そして直後新藤さんは車椅子で山田さんが入院している病院に出かけ二人は会った。二人が出合ったのは、それが最後となった。

最後に山田和夫さんについて。山田さんが以上のような大きな仕事ができたのは、映画評論家というわずかな原稿料では経済的に不可能であり、山田さんの仕事の土台を支えたのは、山田夫人の財政的な支えなくしてはなしえなかったことだ。

なお、山田和夫さんの奥さんは『東京私学退職教職員の会』の会員久米雅子さんである。雅子さんは東京私学単一労組の頃、聖橋学園の組合員。1971年学校が倒産。その後埼玉工大深谷高校の教員として勤務。そして退職。1973年『エイゼンシュテイン全集』（九巻／キネマ旬報）の翻訳メンバーなど、映画評論家の和夫氏を支えてこられたことを付記しておく。

『つれづれ』2012・9・14／『現在映画評論─映画評論家山田和夫さんから受け継ぐべきこと』（二〇一三年出版から再録）

第二章　書評

（1）『本の映画館』

『日本映画の歴史と現代』（山田和夫著）
情勢と確かな科学的理論に裏付けられた評論集

山田和夫さんは科学的社会主義者として、よく知られている。科学的社会主義とは、戦争反対と平和、民主主義とヒューマニズムを大切にし、他方閉鎖的で、硬直化を排して、全一的な世界観を人に与える。人間論としては、学際的であると同時に、実践家的であり、学説の一つに、科学的社会主義の経済学を理論的基礎としているもの、と言えようか。

本書の内容には、山田さんの、そうした科学的社会主義の思索を駆使し、人生的体験を不断に生かして書かれた映画評論が、面目躍如している。

戦争反対、平和と民主主義、そして、ヒューマニズムからの『作家と作品』論——。山本薩夫、今井正、木下恵介、松井久子ら（以上は劇映画の監督）、記録映画からは、羽田澄子監督らの作品を取りあげ、評価して論じている。最近の作品では、『ホタル』（降旗康男監督）について、「特攻」の真実に迫り、「加害」に踏み込んだ映画人の良心だ、と高く評価している。山田さんは、十七歳のころ、特攻隊員で、終戦寸前、生き返って来た体験を持つ。そうした山田さんだからこそ、歴史を「捏造」する『プライド』や、『ムルデカ—7805』について、「私たちが愛する日本映画が、そのような邪悪なたくらみに手を貸していいはずがない」と熱く訴える。

学際的であるとともに、実践家として、東奔西走する山田さんの姿が、松竹大船撮影所売却反対の支援斗争、政府・行政にたいする日本映画振興のための助成の運動などから、浮かび上がってくる。

理論家としての山田さんの姿は、第Ⅳ章の『映画の理論的探究』によく表われている。エイゼンシュテインが、『資本論』を映像化しようとした興味深い資料を示しながら、「資本の論理」と「人間の論理」を対置し、『資本論』の学説を導きの糸として、「映画のための文化経済学」を提起。映画を学問の一つとして、発展、進化させようとする山田さんの努力は、圧巻と言えよう。『資本論』の学説を使って、映画が

持つ産業の側面――映画の製作、配給、興行の全領域にわたる分析を理論化。映画資本と映画芸術家・映画労働者・鑑賞者との利害の相互関係の分析。映画の商業主義から、文化性・芸術性へ、と高める能動性を呼びかける。本書は複雑に変容する映画の世界を、読者が誤ることなく、正確に（現実と展望を）判断できる力を、大いに手助けするもの、となっている。

（『キネマ旬報』２００３年・10月上旬号）

(2)『現在映画評論―映画が自由を奪われないために』

水野尾　孝

戦意高揚を意図した『ハワイ・マレー沖海戦』から始まって、戦時中の『治安維持法』の時代を背景に夫婦愛を描いた最新の『母べえ』に至る、題名だけをも含め約130本程の映画が紹介されている。かつて映画は『国民を戦争にかりたてる思想動員の武器であった』という事実を見据え、再びこのような時代に戻してはならないとする羽渕さんの熱い思いが伝わってくる。戦争遂行の国策に抗して戦い続けた映画人の良心、終戦後ほとばしるように送り出された数々の反戦映画、最近の『映画人9条の会』の活動等々が、まず紹介されている。著者・羽渕さんの寄って立つ軸足は、「反戦平和」にあり、決してぶれることはない。

だから、ドイツが今日『白バラの祈り』『ヒトラー～十二日間～』等々戦争の実態を暴き、その責任を追及している映画を製作しているにもかかわらず、逆に日本ではかつての戦争を美化し、国民を戦争に狩り出しかねない映画が製作されていることを、著者は深く憂えている。特に石原都知事製作『俺は、君のためにこそ死ににいく』には、厳しい目を向け、映画製作意図の危険性、反動性を完膚無きまでに暴露している。また、「好戦」か「反戦」かで世論を二分しているという『男たちの大和』に対しても、監督の意図にかかわらず「戦争遂行責任追及」があいまいであると批判している。

著者は、ここ数年間に作られた良心的な映画の数々を克明に追っている。特に圧巻であるのは『赤い鯨と白い蛇』。かつての恋人の遺書を洞窟で探す香川京子の鬼気迫る描写には、思わず引き込まれる思いがする。その他『紙屋悦子の青春』『日本の青空』『陸に上がった軍艦』『パッチギ』『夕凪の街　桜の国』『北辰斜めにさすところ』『母べえ』等々が詳しく紹介され、今後への希望を託している。

最後に特に印象に残った内容を二つ指摘しておく。一つは、羽渕さんの恩師である映画評論家山田和夫氏が『戦艦ポチョムキン』をスクリーンに映した画面を追いながら同時解説するその迫力。二つ目は、小林多喜二がチャップリンの『巴里の助成』『黄金狂時代』等に対して「重大な社会関係に眼をつぶ」ったとする批評、その後チャップリンが『モダンタイムス』『独裁者』等を多喜二の評論を乗り越えるかのように制作したという事実。このての類書では、めったに見受けることは出来ないのではないかと思い紹介しておく。

『私学退職教通信　No.62』　２００８・３・５

水野尾　孝（みずのお　たかし）

一九三七年八月二一日生れ、現在七九才。

一九六三年法政大学卒業、結婚。私立男子校英語教諭として就職。一九八五年定年退職。全日本年金者組合所属、現練馬支部長。

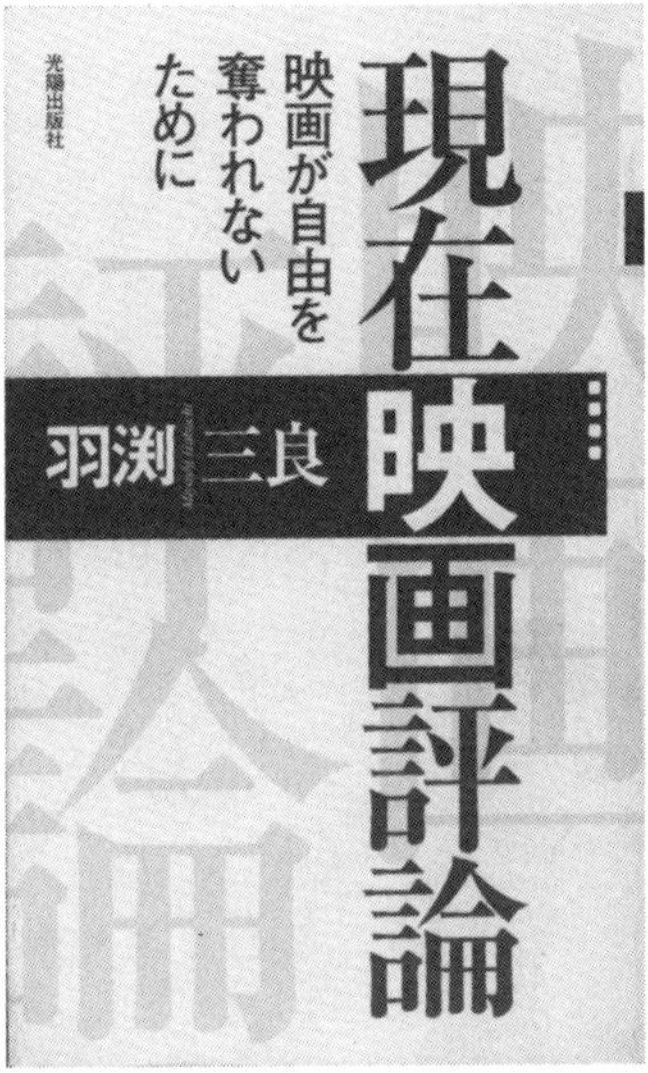

2008年　光陽出版社

（3）映画が自由でなかった頃、『映画法』の時代
——映画を二度と戦争の道具にしないために——
『現在映画評論——映画が自由を奪われないために』（羽渕三良著）

●『映画人九条の会』の結成と二年目の映画人のメッセージ

二〇〇四年六月一〇日、井上ひさし、大江健三郎、澤地久枝、小田実氏ら九名が『九条の会』アピールを発表した。このアピールを映画人の間に広めることを目的として、大澤豊（映画監督）、小山内美江子（脚本家）、黒木和雄（映画監督）、神山征二郎（映画監督）、高畑勲（アニメーション映画監督）、高村倉太郎（日本映画撮影監督協会名誉会長）、羽田澄子（記録映画作家）、降旗康男（映画監督）、堀江昌子（日本映画・テレビスクリプター協会理事長）、山内久（脚本家、日本シナリオ作家協会理事長）、山田和夫（日本映画復興会議代表委員）、山田洋次（映画監督）の一二人が『映画人九条の会』の結成を呼びかけた。

この呼びかけに、当初、五一七名が賛同（二〇〇六年一一月二四日現在、一一五〇名となる）。この中には、大林宣彦（映画監督）、恩地日出男（映画監督）、新藤兼人（映画監督）、鈴木敏夫（スタジオジブリ・プロデューサー）、倍賞千恵子（俳優）、吉永小百合（俳優）、仲代達矢

氏（俳優）らも加わっている。

これを受けて、二〇〇四年一一月二四日、『映画人九条の会』が結成された。

そして『映画人九条の会』は結成二年目に、「『映画人九条の会』結成二周年に寄せられた映画人のメッセージ」を『映画人九条の会 mail №18号』（二〇〇六年一二月一八日）に第一次分として、一五名の方から寄せられたものを発表・掲載した。

新藤兼人さんはその想いを簡潔にかつ率直に、「戦争はいやだ　新藤兼人」と文言を寄せてこられた。吉永小百合さんは「非戦の願いを込めて」と題して、「今年私は山田洋次監督の『母《かあ》べえ』に出演します。戦争に反対して投獄されてしまった夫の代わりに働きながら子どもを育てる母親役。日本が二度と戦争への道を進まないようにと祈りながらこの役をしっかりと取り組みます」。香川京子さんは、「私が最近出演させていただいた映画『赤い鯨と白い蛇』の中で、昭和二〇年、戦争の末期に特殊潜航艇の特攻隊の隊員が『戦争のために、僕は正直に生きられませんでした』という手紙を遺すシーンがあります。あの暗い時代が二度とこないよう」にと、熱い想いを寄せている。

新藤兼人さんのメッセージ

●検閲と『映画法』の時代

映画人と映画に自由がなく、映画が国民を戦争にかりたてる大きな思想動員の武器となったのはいつの頃からなのか。

それは、『大日本帝国憲法』から始まった。

一八八九（明治二二）年、戦前の最高法規の『大日本帝国憲法』が発布された。

第一条　大日本帝国ハ万世一系ノ天皇ヲ統治ス

第三条　天皇ハ神聖ニシテ侵スヘカラス

第二二条には、「日本臣民」という文言があり、「国民」という言葉はない。「臣民」は天皇の家来という絶対主義的天皇制の国のあり方が定められている。そして、特記すべきことは、『治安維持法』である。『治安維持法』は一九二五年三月帝国議会で成立。一九二八年六月には、「死刑法」に改悪され、映画分野も含むプロレタリア文化運動は、この『治安維持法』によって非合法化され、その中での闘いを余儀なくされた。

映画分野における独自の検閲・統制はいつ頃から始まったのか。映画の検閲の方は、一九一二（大正一）年、各地の警察が映画を見て、カットすることが起こる。各地の警察がある町ではカットし、別の町ではノーカットという状況があった。これが映画検閲の『前史』である。

そして、一九二五（大正一四）年、全国を一元化した映画の検閲が始まる。この検閲は各地の警察ではなく、内務省の警保局が担当した。そして、その時、映画検閲法『活動写真『フィルム』検閲規制』が公布される。その『活動写真『フィルム』検閲規制』の第一条はどういう内容だったか。

第一条　活動写真ノ「フィルム」ハ本令ニヨリ検閲ヲ経タモノニ非サレハ多衆ノ観覧ニ供スル為之ヲ映写スルコトヲ得ス

この段階では、映画ができあがってからの検閲であり、検閲の合格・不合格の基準は次の通りであった。

不合格とする基準は、

①皇室の尊厳を冒瀆し、又は、帝国の威信を損する虞あるもの
②政治上、軍事上、外交上、経済上、その他、帝国の利益を害する虞あるもの
③国策遂行の基礎たる事項に関する啓発宣伝上、支障の虞あるもの
④国民文化に対し誤解を生じせしめる虞あるもの
⑤善良なる風俗を紊り国民道義を頽発せしむる虞あるもの
その他である。

これらは、一言でいえば、『大日本帝国憲法』そのものであることに気づく。合格・不合格

の基準はその後一九三九年九月二七日の『映画法施行規則』の中で、一四項目にわたってさらに厳格に、綿密に条文化されることとなる。

時代は戦前の悪名高き悪法『映画法』制定へと進む。一九三九年の四月には『映画法』が公布。続いて同年一〇月、『映画法』の施行が始まった。『映画法』とはいったいどういう内容の法律だったか。何をどう検閲し、何をどう統制したのか。『映画法』は大きくいって次の三つの柱の内容から成り立っている。

一つの柱は映画検閲の徹底、映画の事前の検閲の追加である。一九二五年「活動写真『フィルム』検閲規制」では検閲は事後であったものが、『映画法』での検閲はシナリオの段階からの事前検閲へと徹底的に統制が強まった。

二〇〇四年の末、『笑いの大学』という劇映画が公開され好評を得たことは記憶に新しい。原作・脚本は三谷幸喜。監督は星護。この作品は『映画法』の時代、実際に浅草演劇の戯作者として生きた人の戯曲の事前からの、まさに検閲をテーマとした映画である。映画の舞台のほとんどが検閲室。検閲官は役所広司が演じ、戯作者は稲垣五郎が演じた。

戯作者が書き上げた喜劇の戯曲を前に、「国をあげて戦争をしているときに笑うこととは何ごとか」「このままでは上演不許可」と脅かす強引な検閲官。戯曲を持ち帰って、何度も何度も書き改めて、検閲官の意見を取り入れても、それでも不許可。いっこうに許可への方向はみえてこない。戦争を進める検閲側が、「国民の笑い」をいかに恐れていたかが、ひしひしと伝わってくる映画である。

まさに、上演許可へと、最後の最後までこの戯作者が努力しているその矢先、その喜劇作家に、赤紙がくる。そのことによって、その戯曲は永遠に消える運命となる。

わかりやすくいうと『映画法』の検閲とは、映画『笑いの大学』に見られるような、いっさいの人間の笑いを憎み許さぬ検閲であった。

つづいて『映画法』の二つ目の柱といえるものは、映画界で仕事をしようとする監督、脚本家、技術者、興行主など映画にかかわるすべての個人と会社は、当局の審査（試験）をパスし許可・登録を得ないと仕事ができないというもの。『映画法』は、

第二条　映画の製作又は映画の配給の業を為さんとする者は、命令の定める所により、主務大臣の許可を受くべし

第五条　映画製作業者の製作に関し、業として主務大臣の指定する種類の業務に従事せんとする者は、命令の定むる所により、登録を受くべし

としている。

では許可を得て登録のための試験とはいかなるものだったか。演出部門の一九四〇（昭和一五）年度の例を紹介しよう。

①国語（作文）考査問題
1、映画の社会的使命を論ぜよ
②国史考査問題
1、国史を概観して如何なる心構えを持ったか
2、我が国の国際的上進むの次第を述べよ
③国民学識考査問題
1、日本は何の為に多大な犠牲を払って支那における大事業をなしつつあるか
2、奢侈品の販売禁止の理由は何か
3、『映画法』における登録制度の目的は何か
4、映画製作に従事する者には如何なる芸術的教養を必要とするか
5、左の事項につき知れることを簡単に記せ　(1)、阿部大使　(2)、ナチス　(3)、動員計画
(4)、松下村塾　(5)、国民精神総動員

以上、これは、完全なる思想調査であることがおわかりだろう。

三番目の柱は、国策による企業の整理・統合である。映画撮影に必要な生フィルムは火薬の原料でもあり、戦争に必要な軍事・戦争資材でもある。当局は生フィルムの配給制をテコに会社を支配する。国策に従う映画会社には生フィルムを配給するが、国策に従わない会社には生

フィルムを配給しない。このようにして、企業支配と統合を進め、映画会社を国策映画会社製作と配給・興行へと促進。そして、松竹・東宝・大映の三社体制が発足した。

『映画法』制定に関連してもう一つ、付記しなければならないことは、『映画法施行規則第三五条』に、「時事ヲ撮影シタル映画ニシテ国民ヲシテ内外ノ情勢ニ関シ須要ナル知識ヲ得シムヘキモノ」（時事映画）と定め、戦争遂行のための時事映画、文化映画（国民精神ノ涵養又ハ国民知能ノ啓発ニ資スル映画ニシテ劇映画ニ非サルモノ）の強制上映を映画館に命令したことである。このことで当時唯一の大衆の娯楽でありマスメディアである映画館が、劇映画に時事映画、文化映画が加わって、一段と戦争高揚の場となった。

その後、一九四〇（昭和一五）年一二月、映画行政機関は文部省から内閣情報局第五部映画課に移管する。国策映画のための国策映画脚本の募集コンクールが行われ、一九四二（昭和一七）年の情報局総裁賞（賞金三〇〇〇円）は、『ハワイ・マレー沖海戦』が授賞。そして、陸軍省、海軍省の関係した映画（企画指導、後援、協力という形で関与）となり、国策映画一色となっていった。

当時、松竹大船脚本部にいた新藤兼人は「昭和一九年の春、私はこの脚本部の部屋に別れを告げ、応召していった」。その時、脚本部の「斉藤良輔、長瀬喜伴たちは戦地にいた」。『松竹大船映画』は「情報局の要請もあり、厳しい内務省の検閲もあって、戦争映画か銃後戦意高揚映画しかつくれない状態のなかで」「意識的な反戦の言葉はきかれなかったが、戦争へのとまどいはあった」（『新藤兼人映画評論集２』）と、松竹大船撮影所の当時の雰囲気を書いている。こうして、新藤は戦争に行く。その戦争はどんなものだったか。その内容を描いたのが、『陸に上がった軍艦―オカニアガッタグンカン―』。この作品については後述する。

また、一九三七年、日中戦争が全面的に開始されたとき、「国民精神総動員運動」が始まり、演芸人や俳優、歌手ら芸能関係者による、戦地慰問が盛んに行われた。また、俳優の芸名が禁止され、阪東妻三郎は田村伝吉（たむらでんきち）に、大河内伝次郎は大辺男（おおべますお）となった。

●日本映画の国策化と闘った知識人・映画人たち

映画企業は、国策を歓迎した。たとえば、大映の永田雅一は、前述の『映画法』の中の三つの柱の一つである国策による企業統合の国策分野で、『映画法』の企業統合という時流に乗って策略を凝らし、一九四二（昭和一七）年、大映という企業を創立した。

そういう暗黒の時代にあって、『映画法』や日本映画の国策化と闘った二人の知識人がいた。一人は、映画評論家として、『映画法』を批判した岩崎昶と、もう一人は文筆によって抵抗した監督・脚本家の伊丹万作である。

岩崎は『映画法』が切迫する情勢を知って、執筆活動を一歩敵陣へと踏み込み、「大日本映画協会」の機関紙『日本映画』の一九三七（昭和一二）年四月号に、「統制の『効果』―ナチスの映画政策」という一文を寄稿する。その中で、『映画法』は、ナチの映画統制の全面的な礼讃、その引き写しであると批判した。岩崎は一九四〇年一月、治安維持法違反で逮捕された。

その日の朝のことを岩崎は次のように書き遺している。

「明方近く浅くなった夢の中に、いきなり土足で踏み込むようなすさまじい音が入りこんできて」「寝床の中で、ハッとして、耳をすました」。「開けろ！警察の者だ！」「岩崎だな！ちょっと一緒に来てくれ！」（『日本映画私史』岩崎昶〈一九七七年／朝日新聞社〉）。

他方、伊丹万作はシナリオ『無法松の一生』を書き、その作品は、一九四三（昭和一八）年、稲垣浩監督で映画化されたが、伊丹は太平洋戦争時、戦争協力映画を作らなかった（健康もすぐれず）。太平洋戦争末期には、「現在ノママデ戦争ヲツヅケルカギリスベテ絶望デアル」という「戦争中止ヲ望ム」という文章で抵抗。戦後は、映画界の戦犯に関連して、自分自身の解剖と分析を徹底的に改造する努力の中で、新しい日本に向け乗り越えようと「戦争責任の問題」という誠実な文章を遺した（『伊丹万作全集』三巻）。

なお、伊丹万作の長男は、『お葬式』『タンポポ』『マルサの女』などの監督である有名な伊丹十三。伊丹の長女の夫は、作家であり、『九条の会』の呼びかけの一人である大江健三郎である。

「戦前の映画人に戦争協力が広がったのはなぜ？」とは、よく聞かれる質問・疑問である。私のこれまでの論稿で、その理由についてはおおかたは理解していただけるのではなかろうか。

さて、そうした中にあっても、勇敢に闘った監督や屈辱を感じつつ抵抗していった監督たちがいた。その人たちの話を紹介しよう。

まずは、侵略戦争に異議を申し立て、勇敢に闘ったのが亀井文夫監督であり、『上海』『戦ふ兵隊』は彼が遺した、そうした記録映画である。彼は社会科学に関心をもち、ソ連邦のレーニングラード映画専門学校へ留学。その後一九三三年に、東宝の前身であるＰＣＬに入社した。一九三七年に日本軍は上海を占領。亀井は三八年に記録映画『上海』を製作する。

その占領された上海がいかなる状態にあるか、記録映画として制作された。それを直接カメラで撮影したのがカメラマンの三木茂。亀井は送られてきたフィルムを東京で編集した。当時の陸海軍は宣伝のつもりでこの映画を作らせたにもかかわらず、できあがった作品は敗戦の側の上海の悲惨さをはっきりととらえている。廃墟となった街、その破壊ぶり、街行く人々の様子、戦争の悲劇をこれでもかと伝える。上海日本軍の大行進、日本人は日の丸をかかげ大歓迎する。しかし中国人は大行進に沈黙、批判の目、さめた目。幸運なことにナレーションが勇ましかったこともあって、検閲はパスして上映された。この映画を見た観客は戦争の悲惨さにすすり泣きをする人も出るといった映画館の状況であった。陸軍の将校が情報局に「けしからん」といって怒鳴り込む事態となった。

次に亀井が作った映画が『戦ふ兵隊』である。中国の農民の家が焼かれている。日本軍が重苦しい音を響かせて大陸の奥深く進む。病馬は捨てて行く。道ばたに日本兵が横たわっている。瞬時でも休もうとする日本兵。とても戦う兵隊を想像できない。まさに、「戦う兵隊」どころか、「戦わない兵隊」がそこに映しだされる。亀井は検閲官に呼びだされ、「これは『戦う兵隊』ではない。『疲れた兵隊』だ」と怒鳴りつけられ、この映画は上映禁止となる。亀井は国際共産党の指示で反戦活動をやったという捏造により、治安維持法で一年間投獄される。出獄後、『映画法』によって監督の免許を剥奪される。亀井は太平洋戦争が終わるまで公然とした映画の仕事に戻ることは許されなかった。

戦後、『二十四の瞳』(一九五四年)をはじめとする反戦映画や多くの名作を作った木下恵介監督もまた、しぶとく侵略戦争に抵抗した数少ない日本映画作家の一人である。木下が戦前、もっとも戦争ノーの意思表示を見せたのが彼が監督した、『陸軍』(一九四四〈昭和一九〉年)の最後の場面である。じつはこの作品は、戦意高揚を目的とした国策映画として企画されたもの。火野葦平の小説『陸軍』の映画化で、舞台は北九州小倉の四代にわたる軍人一家。

田中絹代が演ずる母親が街の目抜き通りを出征していく息子を見送る場面(写真)がラスト

『陸軍』（息子の出征をどこまでも追う母［田中絹代］

シーンだ。一般の人々が日の丸を振って見送る中、木下のカメラと心は全精力を傾けて行進していく息子をどこまでもどこまでも、追い続ける母親の田中に集中する。そして、カメラはさらに追う。田中の頬にはとどまることなく流れる涙。彼女の目は、銃後の「日本の母」の目ではなくて、わが息子を心から案ずる「人間としての母親」の目。このラストシーンはじつに長く延々と続く。出征していく兵士（息子）に母親が涙を流すことは、「非国民」の面罵がまぬがれなかった時代に、木下はよくもこういう映像を撮ったものだ。木下は後に「この映画で情報局から呼びだされ、仕事ができなくなり、郷里に帰った」と語っている。この木下も敗戦まで映画を作らなかった。

前述した伊丹万作のシナリオ『無法松の一生』

（一九四三〈昭和一八〉年）を制作した稲垣浩監督もまた、戦前、日本映画の「心の良心」を守ろうとした作家である。やはりこれも九州小倉の街を舞台に、無法松というあだ名で呼ばれている車夫の松五郎（阪東妻三郎）がふとしたきっかけで、一人息子のいる軍人未亡人「園井恵子」と近づきになり、息子の世話を親身になってする中で、その未亡人に思慕の情を寄せる映画。

いっぱい飲み屋で壁にはってある女優の顔が、一瞬、松五郎には未亡人の顔にダブって映るというすばらしい名場面がある。「これが、けしからん。人力車夫風情が軍人の未亡人に横恋慕するとは、なにごとだ」と、当時、この映画は四〇〇メートル以上大幅にカットされて公開された。まさに映画が自由ではなかった時、日本の映画がどんなことに遭遇したか。一切の素朴な人間的同情心さえ許さなかった。このことを私たちは絶対に忘却してはならない。

『映画法』、国策映画時代と闘った映画人の最後に、夭折の天才監督・山中貞雄をとりあげておきたい。山中は流麗なリズムと巧みなドラマ展開で注目され、一九三三（昭和八）年に日活に入社する。大河内伝次郎のトボけた側面を『監獄の一生』で描き、時代劇監督としての地位を確立。何といっても忘れることのできない山中の作品、前進座と共同して作った『人情紙風船』は、侍を失業した浪人が妻と一緒に紙風船を作って生活をしのぐ話。元気の良い町人と同じ長屋に住んでいるが、自らの武士の誇りを捨てきれず、ついに心中して自殺して果てる。最後のラストシーンは浪人が作った紙風船が通りのドブ河の中へ転がり込んでいく場面である。ペシミズムの色濃い作品で、微塵も戦闘的映画ではない。山中が『人情紙風船』を仕上げたそのとき、赤紙が来て、彼は一年後の一九三八年に日中戦争で戦病死する。時に三〇歳。太平洋戦争は天才的映画人といわれた山中貞雄の生命を奪った。彼は戦争を忌み嫌っていたという。

山本薩夫や今井正もまた戦前、心ならずも国策的な映画に加わっている。山本も今井もその強い反省があるだけに、戦後、ほとばしり出るように反戦平和の映画を多数世に送りだした。山本は『戦争と平和』（亀井文夫と共同監督・一九四七年）、『真空地帯』（一九五二年）、『戦争と人間』三部作（一九七〇〜七三年）。今井は『また逢う日まで』（一九五〇年）、『ひめゆりの塔』（一九五三年）、『海軍特別少年兵』（一九七二年）など。山本や今井ばかりではない。『映画法』で、映画監督の免許を奪われた亀井文夫は、天皇の戦争責任を明らかにする、記録映画『日本の悲劇』（一九四六年）を制作する。映画の仕事ができずに故郷に帰った木下恵介は、戦後第一作として、太平洋戦争の犯罪者を告発する『大曽根家の朝』（一九四六年）で映画界へ復帰する。黒沢明は『我が青春に悔なし』（一九四六年）を制作。その後関川秀雄監督が『きけ、わだつみの声』（一九五〇年）、家城巳代治監督が、『雲流るる果て』（一九五三年）、木下恵介監督が『二十四の瞳』（一九五四年）、小林正樹監督が『人間の条件』（一九五九年から、三部作六篇）、さらに、深作欣二監督が、『軍旗はためく下に』（一九七二年）、高畑勲監督がアニメ作品『火垂るの墓』(一九八八年)、神山征二郎監督が『月光の夏』(一九九三年)、降旗康男監督が、『ホタル』(二〇〇一年)。そして、二〇〇六年度は、池谷薫監督が長編ドキュメンタリー映画『蟻の兵隊』、黒木和雄監督が『紙屋悦子の青春』などなど。戦後六〇年間日本の映画界はいわゆる多種多彩な反戦平和の映画を世に送りだしてきた。そうした反戦平和の映画は、数多くの監督たちにより制作され、日本映画の中で、一つのジャンルとして誇るべき重要な位置を確固として占めてきている。

そして、二〇〇六年秋、安倍晋三自・公政権が改憲路線で、日本がアメリカと肩を並べて再び戦争をする国へと暴走を始めたその時、日本の映画人が日本映画の反戦平和の伝統を受け継いで、とりわけ、憲法九条を守り、平和を求める作品を数多く制作し、世に送りだすことが切実に求められている。

●映画が自由を奪われた時がもう一度ある、それは、戦後の連合軍(米軍)占領下の時代

一九四五年八月一五日、アジア・太平洋戦争は終結した。そして、一九四五年から五二年のサンフランシスコ(平和)条約発効まで、日本はアメリカの戦後体制下に入った。戦前の映画人を苦しめた『映画法』が撤廃され、日本国憲法が一九四六年一一月に成立した。

この時代、映画の労働運動の前進と発展、日本の映画界から軍国主義的要素を取り除くなど、

戦前とは異なった状況も生みだされたが、それは、アメリカの占領政策が許容する枠内にとどまった。GHQ（連合軍総司令部）の日本映画への抑圧は、まず、一九四六年四月、日本のニュース映画製作者によって完成した広島・長崎の記録映画『原子爆弾の効果・広島、長崎』（この題名はGHQが命名）は日本での公開は禁止された。フィルムはアメリカが没収。広島・長崎撮影もGHQの統制下におかれた。戦前、亀井らが撮影した実写フィルムも材料にして、日本がどのように侵略戦争を進めたか、天皇の責任などを明らかにした記録映画『日本の悲劇』（一九四六年）は当時の吉田茂首相が見て、これは天皇制批判の映画だとGHQに進言。それによってこの映画も没収された（この二つの映画は一九六八年に、一二年目にして日本に戻る）。さらにGHQの指導で、憲法九条をテーマにした映画『戦争と平和』（亀井文夫・山本薩夫共同監督）は労働者と市民が連帯・団結して反戦平和を求める肝心の場面は、アメリカ占領軍の検閲でカットされて上映された。

その、カットされた場面の一つとは――シナリオには書かれており、現実に撮影もされていた次のシーンである。

「街。食糧デモ。その人々の足、足、足。路傍に立って見て居る健一〔伊豆肇〕」「いつの間にか、その列にまきこまれ、デモの一人と腕を組んで行く健一」「デモの人々の顔。顔。顔。労働歌。労働者の大デモ。整然たるその行動。高らかに空にひびく労働歌の合唱」（『日本映画

101年―未来への挑戦／山田和夫』）
このシーンは、まさに、本当に戦争をやめさせる力とは、労働者をはじめ国民の「戦争ノー」という団結の力であることを観客に示す場面であった。
二〇〇七年の一月、二〇〇七年の五月三日の憲法記念日には、与党と民主党が『国民投票法＝改憲手続き法』の国会での成立を考え、安倍晋三首相（当時）が「任期中の改憲を」と公言して、改憲策動がアメリカが強行する海外で戦争をする日本の国づくりという新たな段階となった。今日の情勢のもとで、映画人は映画を二度と戦争のための道具にしないために、映画がもつ力「映画力」を発揮して、九条をはじめとする日本国憲法を守るために国民の多数派獲得をめざして闘いを前進・発展させる、今まさにその時である。

（二〇〇七年三月一日）

＊この論稿は、二〇〇六年三月八日の『映画人九条の会』の学習会「憲法と映画―映画が自由でなかったとき」（講師・山田和夫）を参考にした。
（『治安維持法と現代』No.13・2007年春季号）／『現在映画評論―映画が自由を奪われないために』（二〇〇八年出版から再録）

（4）『現在映画評論――映画評論家山田和夫さんから受け継ぐべきこと』この論文に―想定外の沢山の感想や意見をいただいた―

レポート

私は昨年（二〇一三年）十二月、私の六冊目の本『現在映画評論――映画評論家山田和夫さんから受け継ぐべきこと』という論文（二〇一三年／光陽出版社／13頁から56頁）を出版した。私は私のネットワーク（連絡）で広く届く限りの友人、知人の方々に私の本を贈呈した。そうしたら、なんと五十九名の方々から、手紙や葉書による感想や意見が寄せられました。五十九名という多数の方々から、感想や意見をいただくとは、私にとって想定外のこと。驚きと感動を覚えざるをえなかった。

そうした感動と意見を創出したものは何か。それは類い希なる山田和夫さんの人生と実績が源泉にあって、作り出されたものである。そのことは、以下の感想と意見を読んでいただければ、容易に読みとることができる。

そこで私の責任でこの貴重な意見や感想を、次のごとく各分野別に分けて、氏名は不詳として、紹介させていただくことにした。

感想や意見の紹介

一、映画監督やプロデューサー分野の方々からの感想や意見

○「ご本感動しました。山田和夫さんの業績に改めて覚まされました」。

○「批評と創作は歯と唇の関係、山田和夫さんをよく紹介されていて敬服しています。新藤兼人さんと山田和夫さんとの仕事を通じて同志的で貴重な人間関係をよく記録に残してくれました。十二月八日当地で不戦の誓い、関川作品『きけわだつみの声』や＝前座で羽渕本紹介しましたよ。」「最後にあなたが、私学の争議を経て政党の専従の人生を歩みながらも、映画への関心、研究を持続してこられたことも知りました。すごい方ですね」

○「山田和夫様には時折、お葉書を頂戴したり、文を交わしたりしたことがございます。親しみの籠めた文面や、微笑みが思い返されます。そして揺るぎない映画への対峙の姿…。いまこそ映画は、世界平和に向かって、役立つ時でありましょう」。

○「丹念に鑑賞を重ね、丹念に評論を書き、出版を重ねていらっしゃるご努力に頭が下

2013年　光陽出版社

がる思いです。降旗康男は東映東京撮影所演出部で私の2年先輩、家城組などで一緒に助監督をしたので、人柄をよく知り、作品の軌跡も評価してきましたが、近作の『あなたへ』『少年H』についての羽渕さんの評価を読んで、降旗ワールドに寄り添って読みの深い批評が書かれていることを嬉しく思いました」。「いっそう自由奔放な、刺激的批評活動を展開されることを期待しています」。

○「山田和夫さんには拙作『密約―外務省機密漏洩事件』が一回の放映で闇に葬られ、幸い35ミリに撮影していたので『キネカ大森』で上映の橋渡しをやって下さり、その上モスクワ映画祭に出品して下さり深く〝恩〟を抱いています」。

二、私の日本共産党専従職員の三十年間の中で、共に活動し、仕事をした人たちからの感想や意見

○『現在映画評論』拝読しました。力作です。

○「先日山田和夫さんの集いでのあなたのあいさつで触れられた通りの集大成。力作と見受けました。よく味わい、貴重な資料として読まさせていただきます」。

○「映画界の巨星・山田和夫氏へのレクイエム。氏の遺訓をまっすぐ受け継ぎ、たたかう共産主義者として、映画評論を世に送り続ける決意が行間にあふれています」。「3・11を境に日本の政治情勢は質的に変化を遂げ、変革の事業はいよいよ上部構造で決着をつける時代に突入しました」。

○「羽渕様がいかに映画という芸術文化ジャンルを愛し、またその評論家として大きな足跡を残した山田和夫氏を高く評価されているかを改めて知る機会となりました」。「山田さんと新藤兼人との親密な交流も、最後の出会いも感動的でした。映画への情熱の書が継承されることを切に願っております」。

同僚と言うこともあって、激励をしてくださる文章が多くありました。

三、全国の映画鑑賞団体や映画サークルの仲間の人たちからのもの

○「本を送っていただいてありがとうございました。山田さんが元気なら、と思うことが増えました」。

○「大島渚氏の山本薩夫監督『松川事件』に対する暴論には開いた口がふさがりませんでした。こんなことを言う大島氏を評価し持ち上げる映画評論の世界は腐りきっている」。

○「大島渚さんの山本薩夫作品の批判などは、何となく気づいていたが、あらためてなぜかをうけとめました。山本薩夫さんの作品は、かなり見ているが大島さんのは、当時若かったけれど見る気にならず見ていませんでした」。「私の映画のある人生に豊かな彩りを与えてくれ

たのが山田さんです」。
○「貴兄の旺盛な執筆活動に心より敬意を表します。山田和夫さんのことを書いた本の出版を本当に嬉しく思います」。「私は山田さんの著書『ハリウッド良心の勝利』に感動し、ハリウッドのレッドパージに関心を持つようになりました」。
○「このたびは御著おおくりいただきありがとうございました」。「あなたの著書はそれこそ遠くすぐる日、岩崎昶、今村太平、瓜生忠夫、北川鉄夫をはじめ数多くの、本田勝一流に申せば、支配される側の立場からの論理と、その理論展開を改めてほうふつとさせてくれました」。
○「今日少なからず大島渚監督を持ち上げる傾向があるなかで、私たちは再度勉強し再認識する必要があると思われる」。

四、同窓や八鹿高校卒生や、早大関係の人たちからのもの

○「映画の本ありがとうございました。読ませていただき、羽渕さんの映画への情熱がよくわかりました」。
○「今に至る現役の『たたかう映画ジャーナリスト』としてご活躍のご様子に改めて敬意を表したく存じます。映画に対する熱い情熱を感じます」。「兵庫県北部の豊岡市に唯一残っていた映画館『豊岡劇場』が昨年フィルムからデジタル化の中で、デジタル化の費用がなく潰れ

ました」。「当方、年齢とともにあちこち調子が悪くなり、八鹿病院に通院しながらも野菜作りなどをたのしんでいます」。「昨年の秋、八鹿高校同窓会総会及び懇親会に出席しましたが、もはや私たちの年代は高齢者組となりました。光陰矢のごとしの感深くします」。

○「お元気ですか、『現在映画論』、ありがとうございます。あなたが、故郷八鹿町を出てからの、これまでのあなたの人生の軌跡の一端を知ることが出来、大変興味深いものがありました。副題に引きつけられる読者も多いのではないかと、思います」。

○「お互いに『シナリオ研究会』『自由舞台』の中で早稲田に学んで学んだ仲。私は卒業後からずっと映画の仕事をつづけてきましたが、あなたの映画運動、映画評論活動の内容を見ますと、自分は一体何をやってきたのか、考えさせられます。早稲田の演劇博物館図書室にはあなたの著書がそろっており、後輩が手にして読むことが出来ますよ」

五、私学退職教関係、元教員関係の方々からの感想と意見

○「山田和夫さんの業績を改めて知りました。ま

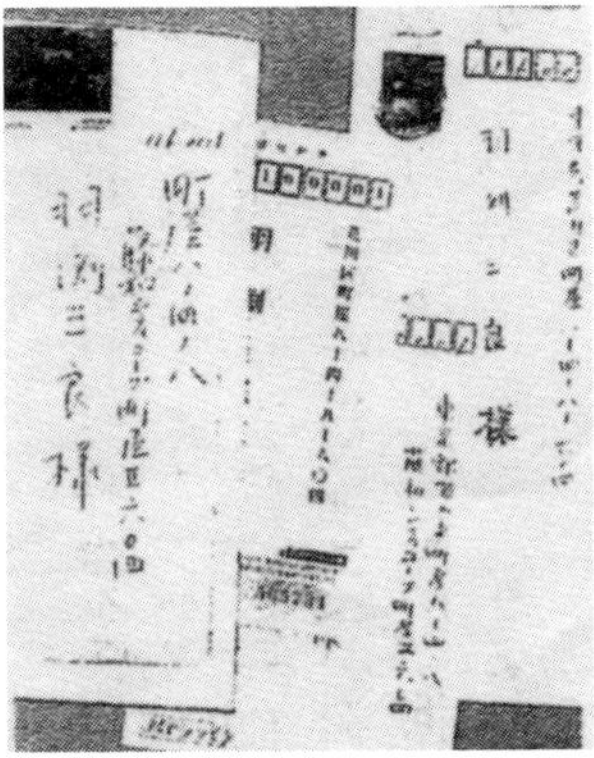
『現在映画評論—映画評論家山田和夫さんから受け継ぐべきこと』
私の論文によせられた手紙

た、羽渕さんが初心を貫かれて、映画の道を進んでおられることに改めて敬服です」。
○「山田さんから私も『ポチョムキン』の話を聴いたことなど思い出しました」。
○「山田和夫の業績に先鞭をつけた仕事は、すばらしいと思います」。

六、映画評論家、大学教授、雑誌の編集者、小説家などの人たちからの意見と反応

○「常に旺盛な社会活動、執筆活動を継続されている羽渕さんの姿に励まされています。近著『現在映画評論』を面白く呼んでいます」。
○「山田和夫さんを存じ上げておりましたので、とてもなつかしく読み始めたところです」。
○「原稿をいただくときは、よく映画論を『資本論』の立場で書いてみたいとおっしゃっていました」。「その一つの成果が3回連載した映画と『資本論』でした」。「『(日本映画再生のために は) 映画のための文化経済学の構築が急がれる』と述べておられました」。「今回の御著書を読んで、山田和夫さんの映画評論の全体像がわかり、あらためて感銘しました。それにしても、山田さんの手書き原稿のわかりにくい文字の判読に悩まされたことを、なつかしく思い出します」。
○「山田和夫さんとは」「映画のことではいろいろ教えを受けました。山田さんの師である、今村太平氏、岩崎昶氏などの薫陶を受けたことも忘れ得ぬ思い出です。考えてみれば、いま、

この方々のような映画評論家、理論家が見あたらなくなりました。残念です」。
○「『現在映画評論』をお贈り下さりほんとうにありがとうございました。何としても山田和夫さんのお仕事を多くの人に伝えていかねば、と思っていましたので、嬉しくなりました。羽渕さんのように近くにいたわけではありませんので、私の文章は、山田さんの息づかいが感じられるようなものではありません。羽渕さんのご本からは、山田さんの顔月まで浮かんできます。私の知らなかったことも、いくつか書かれており、これは大いに参考になりました。多喜二の映画論には感動しました。文体への映画の影響はなるほどと思いました。多喜二も発起人に加わったプロキノ発起人たちの中に、溝口健二と野口高悟の名があるのも、新しい発見です。溝口、小津作品にみられる階級的な視点はこの時代にさかのぼることがわかりました」。「今後も、日本映画の真の復興のため活動されることを心から期待しております」。

私と同業の映画評論家の皆さんからの意見と感想は、他分野と比較して相対的に少ないものでした。いろんな配慮や意見や異論などの反応もおありのことだ、と思いますが、山田和夫さんの業績を正しく継承するためにも、それらの反応や意見に注意深く耳を傾けていかなければ、と考えています。

なお、私の本が出版された後に、平野喜一郎さん（三重大学名誉教授）が『映画史家・理論家としての山田和夫』（『季論』２０１４冬）という、山田和夫さんについての論文を発表しています。

『書評』の紹介について

私の本『現在映画評論―映画評論家山田和夫さんから受け継ぐべきこと』に対する「書評」を二つ紹介します。一つは雑誌『経済』（2014年4月号／新日本出版社）に掲載されたもの。いま一つは平沢清一さん（映画研究者）のものです。

書評①雑誌『経済』（2014年4月号／新日本出版社）

著者は、高校生の頃から映画や演劇に関心を持ち、大学でもそれらに熱中したようだ。人生の途上で、高校教師や共産党の専従職員として活動するが、映画研究者になることへの思いを断ちがたく、定年後は映画一筋に邁進する。映画雑誌への投稿や上映運動などの中で、山田和夫さんや新藤兼人監督らと出会う。

この本は、映画の面白さや楽しさにあふれた、著者の映画賛歌である。平和や社会進歩、人民のたたかいを描いた世界各国の映画の輸入に奔走した山田さんの残した業績から何を学ぶべきかについて、くわしく紹介する。大島渚との論争、『戦艦ポチョムキン』やプドフキンの『母』の名場面をたくみに解説する山田さんの姿を綴ったページは圧巻だ。（晃）

書評② 『現在映画評論　映画評論家山田和夫さんから受け継ぐべきこと』
山田和夫さんをめぐる映画史の重要な事実とその業績を受け継ぐスタートの書

平沢清一（映画研究者）

昨年亡くなった映画評論家・山田和夫さんに関する思いや評論が綴られている、羽渕三良さん6冊目の著作。山田さんは、『戦艦ポチョムキン』の自主上映運動やエイゼンシュテインの研究などでよく知られている。本書でも『巨星が堕つ』と追悼されているように、国内外の民主的な映画運動において、あまりにも大きな存在だった。著者は、山田さんの映画人生の後半期、『エイゼンシュテイン・シネマクラブ』『日本映画復興会議』『映画人九条の会』などで、ともに映画運動をリードしてきた。そして、「生前山田さんから直接聞いた日本映画史の重要な出来事と場面（まえがき）」を本書に記している。それは、山田さんをめぐる、三人の著名な映画監督（新藤兼人・山本薩夫・大島渚）に関する重要な事実である。

『原爆の子』『第五福竜丸』『一枚のハガキ』など、多くの反戦・反核映画をつくってきた新藤兼人監督。山田さんと新藤監督は、「日本映画の再生向上を願って、支援し励ましあった唯一無二の親友であり同志」の関係で交流を続けていたという。二人の晩年の十数年、一緒に仕事をし、近くで仕事を見てきた著者ならではの証言である。『真空地帯』『にっぽん泥棒物語』『白い巨塔』など、社会は映画の巨匠と呼ばれた山本薩夫監督へ、大島渚監督のグループが「全面否定」や『山本薩夫抹殺論』の乱暴な攻撃を行った。本書は、これに「唯一論理的に理性的に反論・擁護した山田さんの評論活動を詳細に分析し、大島監督の反共的・反民主的な攻撃の歴史的・社会的・思想的背景を改めて解明する。最近の山本監督の「再評価」の例もあげて、大島監督の批判がいかに不当だったかも明らかにしている。

日本共産党を攻撃する大島作品『日本の夜と霧』を、山田さんが批判し、名誉棄損と営業妨害で訴えられた。この事件を著者は、直接山田さんから聞いた話として言及している。大島監督への批判はマスコミの「タブー」となっており、真正面から対決したのは山田和夫さん以外いなかった。そして、この不当な攻撃に毅然と立ち向かい、山田さんは評論の自由と表現の自由を守りぬいた。ここに「山田さんの真骨頂を読み取ることができ」「受け継がなければならない姿勢だ」と著者は振り返る。

羽渕さんの最初の著作『シネマとたたかいは私の大学』出版の際に、山田和夫さんが寄せた「たたかうジャーナリストの〝誕生〟に喜ぶ」が、本書に再録されている。衰退する映画評論・映画ジャーナリズムの中で、山田さんの著者への「期待」の大きさが伺える。本書収録の映画評論、とくに『前衛』に書かれた羽渕さんの論文「日本映画の反戦・平和・反核の積極的な系譜と伝統－学徒出陣70周年の年にあたって」など、まさしく「山田和夫さんから受け継ぐべき」仕事といえるだろう。

平沢清一
１９６１年生。映画製作者・映画ライター。『ザ・思いやり』シリーズなどを製作・普及・上映。新聞・雑誌などに映画記事を執筆。

『東京私学退職教通信　No.99』　２０１４・５・14

第三章
日本映画時評

（1）第3回中津川映画祭シネマジャンボリー
メイン映画祭2004．10．15―10．17
クロージング映画祭11．3

シネマジャンボリーの看板

国際シンポジウム　世界の中の日本映画
豊かな日本映画をもっと世界へ

第三回「中津川映画祭シネマジャンボリーメイン映画祭」（同実行委員会と中日新聞社共催）が、二〇〇四年十月十五日から十七日の三日間、岐阜県中津川市で開催された。四千人が参加。特集企画として二つ。一つは外国映画祭でグランプリ受賞作品六本の上映（六本とは、『羅生門』＝51ヴェネチア国際映画祭、『地獄門』＝54カンヌ国際映画祭、『異母兄弟』＝58カルロヴィ・ヴァリ国際映画祭、『裸の島』＝61モスクワ国際映画祭、『火垂るの墓』＝88モスクワ国際映画祭、『千と千尋の神隠し』＝02ベルリン国際映画祭）。もう一つは、国際シンポジウム「世界の中の日本映画」。同シンポジウムは、二日目の十六日、国内外の映画関係者によって行われ、会場からの意見もふくめて、熱い話し合いの場となった。

日本映画の受けとめ方は、それぞれの国によっていろいろ

パネリストは、マルセル・マルタン（フランス）＝世界映画論壇の長老的存在、ウラジミール・ドミトリエフ（ロシア）＝ロシア国立映画保存所第一副所長、晏妮・アン・ニー（中国）＝日中映画交渉史研究者、今泉幸子（日本・フランス）＝パリ在住の映画ジャーナリスト。そして、高野悦子（日本）、高畑勲（日本）の各氏。司会は映画評論家の山田和夫氏。

フランスの場合「一九五一年のヴェネチア映画祭で、黒澤明監督の『羅生門』を発見。十九世紀の浮世絵の影響にも似た大きなショック」。つづいて、「五四年には、カンヌで『地獄門』受賞。受賞の理由は、いずれも造形美の質の高さ」（マルセル・マルタン）。「一九八四年から八五年、パリのシネマテーク・フ

マルセル・マルタン、ウラジミール・ドミトリエフ、高野悦子さんなどのパネリスト

『羅生門』黒澤明監督

『裸の島』新藤兼人監督

ランセーズで、六百本の日本映画が公開上映、大成功。「投票では、小津の『東京物語』が第一位に」（今泉幸子）。

ソ連・ロシアの場合「（フランスなど）西側と違って、ソ連には初回公開当時、『羅生門』も、『七人の侍』も、当時入っていない。『羅生門』は一九六六年、『七人の侍』は一九八七年に公開。第二次世界大戦以前、「公開された日本映画はわずか一本。『何が彼女をさうさせたか』（30年度作品＝昭和初期の傾向映画の一つ、監督は鈴木重吉）。「一九五〇年代になって、『どっこい生きている』（監督・今井正）、『女一人大地を行く』（監督・亀井文夫）など、社会的問題の作品が公開」。「一九六一年、新藤兼人監督の『裸の島』がモスクワ映画祭でグランプリ。高い評価をうけた」。それから、「大島渚の『愛のコリーダ』」。「今は、北野武の人気が高い」「ロシアのスクリーンの95パーセントをアメリカ映画が独占している」（ウラジミール・ドミトリエフ）。

中国の場合はどうか「中国における日本映画は戦争中、一本。『指導物語』（41年度作品、監督は熊谷久虎）。「一九五〇年代はソ連と重なり、独立プロ作品が公開。木下恵介監督の『二十四の瞳』は、もっとも中国人に影響を与えた作品の一つ」。「中国で一番人気を博した日本映画は、『君よ憤怒の河を渡れ』（76年度作品、監督・佐藤純彌）、中国人の八割が見たといわれ、主演の高倉健と相手役の中野良子は大人気者。当時、中国人の日常生活に、漫才師のセリフに、この映画のセリフが使われた」。「新藤兼人の『裸の島』『鬼婆』は、張藝謀（チャン・イーモウ）の映画作り、『紅いコーリャン』に、大きな影響を与えた」。「いま、日本と中国との文化交流は、そんなに盛んではないように思う。映画が入ってこなかったら、日本は中国に遠ざかっていく」（晏妮）。

いびつな日本映画史ができないよう、世界にきちっと日本映画を

後半は、日本映画をどう世界にとどけるか、をめぐってシンポジウムは展開された。

高野悦子氏は、前記のパネリストの発言にあるように、日本映画は、その国の政治状況、公開状況などの諸事情によって、「評価される作品も、評価される監督も、違いがあり、上映される映画も、その時期も、違いがあります」。世界の国際映画祭や、岩波ホールの上映の体験から、そのことへの実態を述べ、「日本と日本映画をもっと海外の人たちに知ってもらうために、外国にもっと日本映画を出すべきだ」と訴え、「例えば、大映と東宝は積極的に海外へ関心をもち、松竹はあまり積極的でなかったことから、小津作品の評価は遅れた」。「海外へ出すには、

お金がかかる。困難な作品もふくめ、日本（国）として応援すべき」。そして、「世界の中に、いびつな日本映画史が作られないように、しなければなりません」。「そのためにも、日本人が日本映画をよく見て、良い日本映画が沢山つくられるように、作る人たちに期待して、日本人が愛する映画を世界の人たちに知ってもらいましょう」と熱く呼びかけた。高畑氏は「日本のアニメはすごいという評価でよいのか」「良い作品は世界にいっぱいある」と視野を広げることの大事さを発言。会場からは、「もっと時間がほしい」「内田吐夢監督の世界での評価は？」という意見と質問が出て、中国の晏氏から「中国映画人協会の人たちは、よく知っている」との回答。

『世界の中の日本映画』。この大きなテーマを考えるにあたって、このシンポジウムは、第一歩で、貴重で、実りのある場となった。

『キネマ旬報』二〇〇五年一月上旬新春号

（2）「日本映画の実態を掌握し製作活性化の方策をさぐる」

製作調査チームのまとめ

はじめに

２００１年度日本映画復興会議定期総会（7月7日）は、本年度の活動課題として、「日本映画産業、とくに映画製作の実態を多面的かつ客観的に調査し、解明する作業を進め、映画製作活性化の方途をさぐる」ことを決め、「製作調査チーム」として、野原嘉一郎代表委員、中田好美事務局次長、羽渕三良幹事の三人を選出した（そして羽渕がまとめ文章化した）。そして、「日本映画の現状調査についてのお願い」（資料として添付）を作成。9月18日を皮切りに12月17日まで、9回、7人の個人（田島良一日本大学教授・日本映画史、植草信和元キネマ旬報編集長、丸山一昭『世界が注目する日本映画の変容』著者、角谷優フジテレビ・エグゼクティブプロデューサー、原正人アスミック・エース代表取締役会長、山本洋大映副社長、安田秀穂東京都参事・統計調整担当、映倫管理委員会（奥山秀夫審査委員・松尾守事務局長）、日本映画製作者協会（新藤次郎代表理事をはじめとする7人の理事）と、多方面から、日本映画の現状について取材をした。なお、今回の調査期間が限定されたこともあって、記録映画、文化映画、アニメーションの分野、および観客の動向等については、他の機会を持ちたい。本調査開始前にその前提となった公開本数などについて、映画製作者連盟事務局長の福田慶治氏、および阿部寅五郎氏から資料の提供を受けた。

「製作調査チーム」は、以上の意見に学びながら、表題のテーマについて、以下のようにまとめた。

1. 日本映画製作の現状はどうなっているか

日本映画製作の現状はどうなっているか。まずは「1957年から1990年の映画製作統計」と「10年間の映画統計」（いずれも日本映画製作者連盟のもの）を見るところから始めよう。

日本映画の歴史の中で、映画観客数がピークであったのが、1958年度の11億2745万2000人。映画館数がピークであったのが、1960年度の7457館。日本映画封切本数（製作本数と見てよい）が一番多かったのが、同じく1960年度の547本。この状況が2000年度ではそれぞれ、観客数は1億3539万人、スクリーン数は2524、製作本数は282本だから、理由はさておくとして、日本映画の製作本数は歴史的に大きく後退して、深刻な危機的状況にあると言ってよい。最初に結論を言うと、深刻な危機的状況にあることに変わりはないが、10年前の1991年の製作本数が230本、2000年が282本。52本増えている。

そこで、さらに、立ち入って、メジャーや独立プロなど、いろいろな領域の実態を見て見たい。

2. メジャー（東宝・松竹・東映）に見る映画製作の消滅的状況

まずは、メジャーといわれる東宝・松竹・東映の映画製作の状況を見てみよう。

最初に、東宝が1971年に製作部門の分離で、配給興行会社に。映画会社でありながら、映画を作らない、興行本位の会社へ。つづいて、1977年には松竹が製作部門の分離へ。以降、メジャーは映画製作から撤退し、製作本数は激減していく。2000年度では、配給本数で見て、東宝は23本、東映は23本、松竹は21本。2000年度の東宝プロパー製作作品は、『ゴジラ2000ミレニアム』わずかに1本。2001年度の松竹プロパー作品は、『釣りバカ日誌12』1本。2000年度の東映プロパー作品は、『長崎ぶらぶら節』と『バトル・ロアイヤル』の2本である。現在、メジャーは出資各社との〝提携作品〟が多く、しかも独立プロで製作された作品と、外国映画を買って、配給・興行を主とした事業を行っている。

以上のような、メジャーの製作からの撤退は、撮影所の売却・縮小とセットとなって進んでいるのが今日の特徴である。松竹の大船撮影所の売却がそうだし、東映の大泉撮影所もすでに3分の1が売却されている。日本の独立プロ作品などの多くが製作されている調布の日活撮影所も、また、立ちあげられた『新映像都市構想』で撮影所がどうなるか、定かでない。日本の撮影所の重大な危機が、日本映画製作を直撃する。

3．製作本数が増えているのは独立プロ作品や自主製作作品

メジャーの製作本数が消滅的になっているのに対して、20本から50本増えている製作領域は、独立プロや小さな製作プロダクション、個人的な自主製作の領域である。独立プロダクションの領域でいえば、独立プロの50社が結集している日本映画製作者協会でも、この10年間、製作本数が増えている。それ以外に独立系プロダクションが80余り存在していると言われている。さらに、個人的な自主製作をふくめて、これらの領域で映画製作が増加している。これらの領域・分野を軸として、日本映画製作の変容や、新たな動き、新たな努力を読みとることができる。

その内容を、いくつかの点を整理して立ち入ってみたい。

（A）テレビ局の映画製作参加

一つはテレビ局自体が、映画製作に参加していることである。日本テレビが『千と千尋の神隠し』(監督・宮崎駿)、『Shallwe ダンス?』(監督・周防正行)、テレビ朝日が『鉄道員(ポッポヤ)』、『ホタル』(監督・降旗康男)、フジテレビが『大河の一滴』(監督・神山征二郎)、『ウォーターボーイズ』(監督・矢口史靖)で、製作委員会に加わっている。テレビ局は、小さな作品ではなく、エンターテイメントな、国民にうける大作に加わり、自分たちのメディアを使ってその作品の宣伝に力を入れている。今日、テレビ局が映画産業に投資する理由は、テレビ放送権の前払い、映画のソフトがほしいこと。テレビ局自身のディレクター、プロデューサーなどの人材の育成をめざしていること、などがあげられる。

テレビ局で育った演出家が映画製作に参加して、良質な作品を作っていることも忘れてはならない。『ラジオの時間』や『みんなの家』の三谷幸喜などがそれである。

(B) 一般企業の投資・製作参加

二つは高度成長期の時代の、他業種の映画製作参加・出資とは異なる特徴であるが、企業が投資する傾向が増えている。映画の著作権を所有しているかぎり、映画はテレビ放映、ビデオ、DVDなど、マルチメディア使用で、2次使用、3次使用などが可能であり、それらの見通しを持ちつつ投資している。とりわけ、いい企画には金を出す。映画文化に魅力を感じて出す場合が見られる。『みすゞ』(監督・五十嵐巧)には、紀伊国屋書店が企画に加わった。さらに、今日、ほとんどの企業が、地球に優しい産業を考えなくてはならなくなっている。映画は地球に優しいということもあって、映画を見直してきている企業もある。また、映画製作・映画上映事業の、他産業への経済波及効果は、50産業中4位、建設業より上という統計が発表されている。それを含めて映画上映と建設業と比べて、映画上映の方が経済波及効果が大きいという安田秀夫都立短大講師の研究発表は興味深い。

(C) 日本芸術振興会の芸術文化振興基金の効果

第三に、『日本芸術文化振興会』の芸術文化振興基金による、製作プロダクションなどへの映画製作支援が、金額がわずかであっても(最近の年度では1件2500万円から5000万円)、日本映画製作本数の増加の一つの推進力となっている。『芸術文化振興会』が1990年(平成2年)に発足。広く国民が芸術文化に親しみ、自らの手で新しい文化を創造していくことのできる環境の醸成と、その基盤の強化をはかるため、1991年(平成3年)から具体的製作助成・支援が始まった。1994年度(平成6年)原資は611億5600万円、その内訳は政府出資金が、500億円、民間出資金が111億5600万円となっている。製作への支援金は、この原資の運用益(利子)から支出される。日本映画製作本数が、振興基金からの支援が始まった１９９２年度から増えている。例えば、１９９７年度(平成９年)は、支援金への応募件数は71件、支援金をうけられた件数は13件。交付率は18％。この事例からも、芸術文化振興基金の助成が、日本映画製作に一定の拍車をかけていることがわかる。１９９１年度（平成３年）映画製作助成が始まって、２００１年度（平成13年度）までの11年間に、芸術文化振興基金からの助成を受けて作られた日本映画は１８７本（劇映画・記録映画・アニメをふくむ）。さらに、それ以外に、２０００年度（平成12年度）補正予算において、芸術団体等活動基盤整備事業として、映画製作支援金を受けて、作られた日本映画は17本。２００１年度（平成13年度）地域活性化のための映画芸術振興事業として、製作支援を受けた日本映画は26本ある（いずれも劇映画・記録映画・アニメをふくむ）。２０００年度（平成12年度）に、それらの映画製作支援金をうけた映画には次のような作品がある。『百合祭』（監督・浜野佐知）、『ウォーターボーイズ』（監督・矢口史靖）、『みんなの家』（監督・三谷幸喜）、『郡上一揆』（監督・神山征二郎）以上が劇映画。『闇を掘る』（監督・藤本幸久）が記録映画。

２００１年度（平成13年度）では、『折り梅』がある。振興基金の映画製作支助成が、今日、いかに多様で良質な日本映画の製作を支えるのに役立っているか。このことをも、また、理解できよう。

『日本芸術文化振興会』の映画助成は、このことが引きがねとなって、映画製作が企画されるばかりでなく、企業の映画製作参加を強くうながしている。

この11年間、基金からの支援金を得てつくられた作品の中には、『雨あがる』（監督・小泉尭）、『日独裁判官物語』（監督・片桐直樹）、『がんばっていきまっしょい』（監督・磯村一路）、『学校』・『学校Ⅱ』（監督・山田洋次）、『Shallwe ダンス？』（監督・周防正行）、『午後の遺言状』（監督・新藤兼人）、『平成たぬき合戦ポンポコ』（監督・高畑勲）、『まあだだよ』（監督・黒澤明）、『戦争と青春』（監督・今井正）、『ふたり』（監督・大林宣彦）などがある。

（D）地方自治体の映画助成の拡大

第四に、地方自治体が資金援助をして、〝ご当地映画〟（ふるさとシネマ）が、次々製作されている。1996年『眠る男』（群馬県）以降、熊本・阿蘇の十二町村が支援して作られた『原野の子ら』（監督・中山節夫）、熊本県と熊本・牛深の両市が作った『チンパオ』（監督・中田新一）、長野上伊那の二市四町四村および企業や住民たちが「一念発起100人会」を結成し、資金調達をして作られたのが『こむぎいろの天使─すがれ追い』（監督・後藤俊夫）。静岡県豊田町が製作支援した『アイ・ラヴ・ユウ』（監督・大澤豊）、そして京都シネメセナに支援された『アイ・ラヴ・フレンズ』（監督・大澤豊）。さらに、『折り梅』（監督・松井久子）は愛知県豊明市などの資金が大きな力となって製作された。一時期、地方自治体は箱物（ホールなどの施設）をしきりに力を入れて作った時代があったが、今日では、映画の持つ魅力を、地方の文化発信や市民の生活に生かすこと、また、町おこしに生かそうとしている。２０００年からフィルムコミッションが各地にでき、今年の8月には、全国組織ができた。10月現在では、横浜市、神戸市、姫路市など16の都市でできている。根底には、日本映画の活性化というよりは、町おこし村おこしの発想が強い。ロケ隊を呼んで金を落としてもらう、中にはハリウッドに来てもらいたい、という考えが前面に出されている所もある。映画製作の側からすれば、日本映画の製作を便利にすること、映画の表現の自由をさまたげないこと、などを発言していくことが求められよう。

（E）自主製作・自主上映運動の役割

さて、第五番目に、自主製作・自主上映の運動が、日本映画製作活性化の発展に果たしている役割を、検討してみることが重要である。

自主製作・自主上映の運動は、今日の映画産業の資本主義的な仕組のなかで、映画産業の製作・配給・興行の三つの部門を、さまざまな運動体と事業体が自主的に運用するあり方である、といってよいであろう。その最近の三つの例をあげたい。

①『郡上一揆』。資金の一部を、岐阜県知事、岐阜県議会議長、岐阜県市長会会長や町村会

会長、町村議会議長などが、『郡上一揆・支援の会』をつくり、岐阜県民を中心に全国の支援者がバックアップ。数千の地元のエキストラとスタッフが一体となってこの作品を製作した。そして、大手の東映系の劇場での公開と同時に、自主上映が全国で展開された。今年の10月には、『郡上一揆』上映の経験交流会が岐阜県で開かれ、作品そのものは、パワフルな映画力を発揮し、かってない感動を観客に与えている。労働組合が大いに映画観賞者を動員し、神山征二郎監督は、労働組合や高齢者の集会をはじめ、幅広い集会に全国規模での講演活動を行っている。

現在46万人をこす観客を動員、製作費回収が50％に達したと報告されている。今後の展開によって財政的にも確実な成功が期待されている。

②『アイ・ラヴ・ユー』と『アイ・ラヴ・フレンズ』。『アイ・ラヴ・ユー』は、前述したように静岡県豊田町が製作支援し、聾者と聴者がお互いに対等の立場で映画を作った。広い層の観客に深い感動を与え、上映運動も成功している。今年11月現在、観客動員数は60万人。これは一般に全国公開系映画での観客動員数からいっても、ヒット作品にあたる。この力が生かされて、京都メセナからの資金の支援をうけ、『アイ・ラヴ・フレンズ』製作へと進展した。

③『ユキエ』『折り梅』。松井久子監督の『ユキエ』から『折り梅』にかけての映画製作と上映運動である。アルツハイマーの日本人の妻とアメリカ人の夫との、夫婦愛を描いた『ユキエ』

に感動した観客から、「あなたが映画を作れば、また、見るよ」「こういう映画を作ってくれてありがとう」と松井監督は言われ、愛知県の豊明市では、『ユキエ』を見た市民が、民間ボランティアによる応援団を結成。七万人の市民のうち、一万人の署名を集めて市長や市議会に陳情。その運動から5000万円という資金が出て、犬山市の市長などからも資金面での応援があった。『折り梅』の原作は、豊明市に住む小菅とも子氏の著書『忘れても、しあわせ』（日本評論社刊）である。題材も市民からもらい、ロケ地となった豊明市では、夜、ボランティアの人たちと、主演の原田美枝子さん、吉行和子さんも参加して、パーティを開催。感動を共有して、そうしたみんなの力がパワーとなって、その力が『折り梅』の映像に発露している。

以上の『郡上一揆』、『アイ・ラヴ・ユー』、『アイ・ラヴ・フレンズ』。そして『ユキエ』、『折り梅』に見られる全国あちこちの多数の映画愛好者、その他に観客との直接の出会いなどによる、自主製作・自主上映の、映画づくりと映画上映運動は、日本映画を文化的に押しあげる大きな力となっている。とりわけ、今日、輝いているのではなかろうか。

現在、資金の面を基準に、映画づくりが二極化しているといわれる（その中間も存在するが）。つまり、数億円以上かけての大型の映画製作と、他方6千万円を前後しての映画づくりと。前述した『郡上一揆』をはじめとする映画の自主製作は、それぞれ、『郡上一揆』は4億円、『アイ・ラヴ・フレンズ』は2億円、『折り梅』は1億6千万円。大型の製作の部類に属するといってよい資金調達である。その上に立っての映画製作である。この面でも他の映画づくりに、注目されてよいのではなかろうか。

（F）日本映画製作の変容の状況

その他、日本映画製作の分野での、いくつかの変容の状況を、さらに見ておきたい。

①メジャーが製作分野を縮小することにより、専属のスターシステムも崩壊。監督も解雇され、日活は青春映画、大映は座頭市、松竹は喜劇、東宝は若大将といった、それぞれあった企業のカラーの作品がなくなって、個人カラーに大きく移行してしまっていること。②映画製作の特徴をおおまかに区分すると、全国上映にかかる映画、芸術文化振興基金など、補助金なしには製作されない映画。そして多様な企業から出資を得て作られている作品、外国の映画祭で賞をとって日本の観客に売り込みをねらう映画。また、ほとんど劇場にもかからず、補助金もなく、作りたくって作っている作品。それに一本作ったら、十年以上も二作目を作れず、莫大な借金をかかえている作家たちなど。玉石混交という状況にある。③以前と比べ、映画製作が持っているアイデンティティが身近なものになっている。作品が作りやすくなっている。趣味から仕事に。いち早く賞をとって、作家になる可能性が広がっているなど。以上みてきたように、映画製作の土台が変容している。いいかえれば日本映画の製作領域、文化的発展への方向

性が広がっているのである。

④日本の映画製作に、年間数百億円投じられ、劇場・ビデオ・テレビ、海外はプラスアルファなど、2次使用、3次使用を考えて、映画が製作され、日本映画全体では、回収は一定の年月・期間を経て、再生産できている状態が基本となっていて、映画づくりが進行していると思われる。しかし、独立プロ領域をはじめとして、映画製作の資金面での現状はきびしく、スタッフ、キャストなどに、そのしわ寄せが起きていることを忘れてはならない。

4. 日本映画製作への環境をどう充実させるか

日本映画の厳しい状況と変容の中にあって、この1～2年、『ホタル』(監督・降旗康男)、『郡上一揆』(監督・神山征二郎)、『日本の黒い霧(冤罪)』(監督・熊井啓)、さらに、『アイ・ラヴ・フレンズ』(監督・大澤豊)、『折り梅』(監督・松井久子)、『ウォーターボーイズ』(監督・矢口史靖)、アニメでは『千と千尋の神隠し』(監督・宮崎駿)、記録映画では『平塚らいてうの生涯』(監督・羽田澄子)、『リーベンクイズ・日本鬼子』(監督・松井稔)など、優れた作品がつくられている。問題はこうした作り手たちが、映画製作をつづけられる環境をより整えていくことではないのか。その日本映画製作への環境整備・充実の中心的な課題と闘いについて述べたい。

(A) 撮影所を守り、建設していく、職能・技術継承の課題

前期した取材の中で、何人かの人たちから、日本映画の再生には、一つは「メジャーの映画製作がカギをにぎっている」という意見が出された。したがって、何よりも環境整備の課題の一つは、撮影所を守っていくたたかいである。そして、とりわけ、メジャーが映画製作を本業とし、映画を作っていくことが、日本映画製作の活性化の鍵をにぎっているといってよいであろう。2000年6月に、松竹の労使双方が合意し、協定書を結んだ大船撮影所「売却」反対闘争は、撮影所の重要性を一層鮮明にする場となった。闘争の最中、映画人の中からも、「撮影所で映画が作れる時代は終わった」などの声が登場。松竹闘争支援共闘会議では、こうしたイデオロギー状況に対して、「撮影所の存在意義を問い直す」というシンポジュームを拓き、現場の労働者や映画関係者が討論した。そして、結論として、撮影所がどんな役割を果たしているか。不動の立場を明らかにした。

撮影所は、すべての映画にとって基本的な生産手段であり、設備であり、同時に、撮影所は人材育成の場であり、映画づくりの基地、根拠地であるということである。

2000年6月、松竹労資が合意した『約束』――「映画製作を本業とし」、「新撮影所の完成を遅くとも2002年末とする」。「撮影所で培われた職能・技術の継承を図る」。このことは、今、一体どうなっているのか。最近、雑誌『経営塾』十月号で、松竹の迫本副社長は「撮

影所は他社でも貸してもらえるので映画製作に支障がない」「大船に替わる撮影所建設用地として購入した新木場の土地（約20億円）がいま倍の値段になっている」とのべている。新撮影所の建設は遅々として進んでいない。どころか積極的に進める気迫すら見られない。

売却移転提案にゆれる日活撮影所は、『新撮影所事業構想』が検討されていたが、2001年2月になって、『映画の街構想』に衣がえ。調布にかわる代替地も、二子玉川から横浜みなとみらい21地区になった。まだ、撮影所建設の青写真は提示されていない。映画を作る人たちの情熱と能力を生かす環境整備づくりの、まず、何より切実で重要な課題が、撮影所を守り、撮影所を作らせ、映画を製作することである。

今日、テレビ局が映画製作に参加する理由の一つとして、自分たちのディレクター、プロデューサーなど人材の育成のためとしていることは前述した。また、映画学校や日大芸術学部などが、映画監督やカメラマンを養成している。このことは新しい動きとして大切なことである。同時にこれまで、撮影所で学んできた、例えば〝大船調〟などのような能力・作風は学べなくなっている。これは日本映画にとって大きな損失。その意味で、松竹労使双方の『約束』の柱の一つ、「撮影所で培われた職能・技術の継承」が、撮影所を守り、建設させていく課題と合わせて、引きつづいて重要である。

（B）国による映画製作助成存続・助成額の大幅拡大

環境整備の二つ目の課題は、特殊法人『日本芸術文化振興会』の廃止または民営化に反対し、日本映画の製作活動への助成を存続させ、その額を大幅に増やすことが、緊急に求められている。この課題の重要性は、前記した『日本芸術文化振興会』の製作支援が、日本映画の製作を増やし、しかも、そのことにより、多様な良質の作品が作られている」という所で、見てきた通りである。また、国・地方自治体が芸術・文化を振興するよう定めた『文化芸術振興基本法』が成立した。このことは『日本芸術文化振興会』の独立行政法人化とは矛盾している。これまでの到達点に立って、『基本法』を具体化していく不断の努力が、いまこそ求められている時はない。

12月8日の閣議で『日本芸術文化振興会』が独立行政法人化と決まった。独立行政法人の内容は、行政改革推進事務局案では、「国が明確な政策・目標を定め、合わせて当該目標が達成された場合、又は一定期間経過後には助成措置を終了することを明記する。また助成実施後の外部評価を行い、その結果を事業に反映するとともに、追加的な国費投入を行わず、基金運用収入、民間寄付等で賄える範囲に業務を縮減し、業務の重点化を図る」とあり、明らかに民営化・廃止の方向性を示している。

以上の政策に対し関心と運動を寄せていかなくてはならない。

（C）国民の文化的権利を保障させる闘い

取材の中で、映画を見る側、国民の状況がどうなっているか。この分析が大切という意見が複数から提起された。環境整備の三つ目の課題は、映画を見る側、つまり、国民の「健康で文化的な最低限度の生活を営む権利」（憲法25条）―「国民が映画を見ることのできる文化的権利」を保障するという闘いである。映画は興行で金を回収することが要となり、したがって、映画製作にとって、観客が重要な鍵をにぎっている。個人の生活が安定し、個人の自由な時間が保障されることが、国民が映画を見ることができる前提となる。総務省で2001年2月8日に、2000年度の家計調査報告を発表した。それによると、全所帯の1ヶ月平均の消費支出は、317、133円となり、名目で前年比、1・8％減。物価変動の影響を除いた実質では、0・9％の減少。前年比マイナスは、8年連続のマイナス。現行の調査を始めた1963年度以降、最長の記録となった。依然厳しい所得環境が、消費の重しとなっている。

項目別からみると、家計が主として、支出を切りつめているのが、生活必需品である。「食料」が実質1・7％減少。「被服及び履物」も6・8％のマイナス。半面、「交通・通信」が4・9％増加。

「教養・娯楽費」はどうか。実質2・9％マイナスである。「日本はチケット料金が高い」「不況も加わって劇場・ホールへ足を運ぶ人が減っている」と演劇関係者から聞く。

他方、この3月文化庁が２０００年度の『国民の文化に関する意識調査』を発表した。「芸術・文化を鑑賞する際に困ること」の答えが、チケットの価格が高いが41・2％。つづいて、会場が身近にないが25・2％。行きたいと思うようなものがないが、五位で11・5％である。「鑑賞活動を行わなかった理由は何か」。これについては、忙しくて時間がないが、52・4％。テレビ・ラジオ・CD等で充分なためというのが、25・8％。育児や介護で外出しにくいが、四位で19％となっている。

以上の調査から見えてくるものは、文化それ自体の分野の活動を魅力あるものにすることと共に、国民の消費をあたためる経済対策・個人の自由な時間を獲得できる政治と労働環境を変える活動。この車の両輪を国民本位に変える仕事。このことが、いま、切実にもとめられているのではないか。連合がまとめた２０００年度の参加組合の『労働時間に関する調査』によると、労働者の年休取得率は、日立が54％、神戸製鋼が37％、富士通ゼネラルが39％。大企業で大リストラ、人減らしが相次ぎ、失業率は5・3％。２００1年度はさらに厳しい状況が労働者に加えられている。日本リサーチ総合研究所が11月13日に発表した調査では、今後1年間に「自分や家族が失業する見通し」では「不安」と答えた人が72・0％もいる。まさに、小泉首相は生活と文化の破壊者である。

（D）映画分野から、平和を守る闘いの重要性

最後に、もう一つの映画をつくる人たちの情熱と能力を生かす環境整備の課題として、平和を守るたたかいをあげなければならない。9月11日に起きたアメリカの同時多発テロに対して、10月8日から米英軍による大規模な報復戦争がつづいている。アフガニスタンでは、多数の民間人が死傷している。アメリカの報復戦争に呼応して、小泉内閣は、自衛隊が支援できる米軍支援法を成立させ、11月9日、自衛隊が戦闘地域へ出動、戦後初の派兵となった。かって廃案になった『国家機密法』を再現させる、有事法制制定の危険な動きとなっている。

戦前、『映画法』（1939年）の制定などにより、日本映画界は、検閲が教化され、表現の自由が制限され、戦意高揚映画を作り、国民を戦争にかり立てる一端をになった苦い経験を持っている。映画文化は、平和で民主的な社会の中でこそ、自由に花開くものである。

映画製作を守り、発展させるたたかいは、映画製作独自の課題を前進させるとともに、国民の安定した生活を守る闘い、平和と民主主義を守るたたかいの中に、それをしっかりと位置づけること。このことが、今こそ、重要なのではなかろうか。

（2002・2・22／日本映画復興会議・製作調査チーム＆事務局）

（『現在日本映画論』二〇〇二年からの再録）

（3）日本映画の伝統の発展と、前進を願って

一、「映連」の二〇一一年度『全国映画概況』から見えてくるものは――
今日の日本社会の「消費不況」が日本の映画産業・映画界を飲み込んでいる

二〇一二年一月二十六日、『日本映画製作者連盟』（映連、会長＝大谷信義・松竹会長）が二〇一一年度の『全国映画概況』を記者会見で発表した。それによると二〇一一年度の日本の全国映画産業・映画界の状況は、興行収入が前年度比一七・九％減で一八一一億九七〇〇万円、入場者数も一七％減で一億四四七二万六〇〇〇人。スクリーン数も前年度比七三減で三三三九スクリーン。スクリーン数は一八年ぶりに減少である。二〇一一年度は一〇〇億円を超えるメガヒット作品もなく、洋画でベストワンは『ハリー・ポッターと死の秘宝ＰＴＲＡ２』が九六億七〇〇〇万円、邦画では『コクリコ坂』が四四億六〇〇〇万円。二〇一一年度の映画産業・映画界について、公開本数が八三本増のほかは、示された項目はすべて大きくマイナスである。きわめて深刻な状況である。

震災・被災からも影響を受けたと見られるが…

公開本数一項目をのぞいてオールマイナスの原因は何か。一つは三月十一日の東日本大震災と原発事故の影響が見られる。発表によると二〇一〇年度から一一年度の一年間でマイナスとなった七三スクリーンのうち、震災で被災したのは六劇場で四〇スクリーンである。その中で宮城県石巻市の石巻岡田劇場、仙台市の泉コロナシネマワールドなどが閉館。そのことで合わせて二〇スクリーンが失われている。残りの石巻市などの三劇場の二〇スクリーンは修復作業中であるとのこと。

記者会見で震災の関わりで島谷能成東宝社長は「TOHOシネマズは六五サイト（劇場）の内、二五サイトが影響を受けた。壊れた劇場もあるし、計画停電その他で平常の営業ができなかったサイトがあった」「『映画なんて見る気になれない』という観客の気分もあったのではないか」と――

興行収入・入場者数のマイナスの根底の原因は何か

前述してきた『全国映画概況』からいくつかの問題点を取り上げてみると――。

▼一つは、映画の作品の質の低下があるのではないか

次頁の表①～③を見ていただきたい。表①は二〇一一年度の『キネマ旬報』邦画ベストテン

である。表②は一九五七年度映画上映入場者数が一一億二七〇〇万人で最高であった年の『キネマ旬報』ベストテンである。表③は一九六〇年度日本映画館数が史上最高（七四五七）であった年の『キネマ旬報』ベストテンである。

この三つの表を比較して映画の質を問うのは、時代と映画の状況が大きく異なっているだけに無理があるが、それでも私はあえてこの三つの表によって二〇一一年度の日本映画の質の低下の例証として示したい。一言でいうなら表②、表③の作品群は（『キネマ旬報』ベストテン）、当時の観客の社会状況のなかで、当時の観客の精神的文化的要求に大いに応えていたのではないか。そういう質的な内容を当時の監督たちは創造していたのではないか。一つ一つの作品と監督名をよく見ていただきたい。

それに比べ二〇一一年度の今日の日本映画の大きな特徴は――テレビ局主導の映画が多く、映画の配信がテレビ局に依存している（例外はあるが）。映画は人間や社会を描くものだ。二〇一一年度をはじめ昨今の映画はどちらかといえば、「表面」をどう描くかに焦点が置かれ、表②、表③のような映画に比べ「力強さ」「視野の広さ」「深さ」が弱い。そうした映画が多くなっている。

さらに、資本という側面から見ると、映画製作は大企業のビジネスとはならない、と考えられてきており、表①のベストテンなどの映画がそうした状況のもとで作られ、そうした作品と

『キネマ旬報』ベストテン

	表① 2011年度 作品名／監督	表② 1957年度 作品名／監督	表③ 1960年度 作品名／監督
①	一枚のハガキ／新藤兼人	米／今井正	おとうと／市川崑
②	大鹿村騒動記／阪本順治	純愛物語／今井正	黒い画集　あるサラリーマンの証言／堀川弘通
③	冷たい熱帯魚／園子温	喜びも悲しみも幾年月／木下恵介	悪い奴ほどよく眠る／黒澤明
④	まほろ駅前多田便利軒／大森立嗣	幕末太陽伝／川島雄三	笛吹川／木下恵介
⑤	八日目の蟬／成島出	蜘蛛巣城／黒澤明	秋日和／小津安二郎
⑥	サウダーヂ／富田克也	気遣い部落／渋谷実	裸の島／新藤兼人
⑦	東京公園／青山真治	どたんば／内田吐夢	豚と軍艦／今村昌平
⑧	モテキ／大根仁	爆音と大地／関川秀雄	武器なき斗い／山本薩夫
⑨	マイ・バック・ページ／山下敦弘	異母兄弟／家城巳代治	秘境ヒマラヤ／読売映画社
⑩	探偵はBARにいる／橋本一	どん底／黒澤明	日本の夜と霧／大島渚

なっている（二〇年前までは劇映画一本三億円から一億五〇〇〇万円の作品が多いといわれてきたが、今日一本五〇〇〇万円から一〇〇〇万円の作品が多くなってきているといわれ、この点も日本映画の質の低下につながっていると言っていい）。

▼二つは、日本社会の今日の不安定な構造が、国民から映画を鑑賞する条件と能力を奪っている

さらに、興行収入、入場人員の前年比約二〇％マイナスの根本的原因は、今日の日本社会の不安定な危機的構造が、国民から映画を鑑賞する条件と能力を奪っているということだ。

今日の日本の政治的生活的不安定な構造はどうなっているか。長年日本の政治は自公政

権の「新自由主義」――財界主導の「構造改革」が進められてきた。そして二〇〇九年の総選挙で国民は「それらの政治を変えてほしい」と「政権交代」を選択した。

だが、鳩山、菅、野田の三代にわたる民主党政権は国民の願いを裏切り、とりわけ野田政権はいま「自民党より自民党的な」政策、とりわけ社会保障の改悪と消費税増税に政治生命をかけている（消費税増税などが強行されれば、間違いなくさらに映画の興行収入、映画入場者数に影響を与えるだろう）。

今日、国民の働き方として非正規労働者化が劇的にすすみ、労働者の賃金は二〇〇〇年から二〇一〇年の間におよそ五〇万円もマイナスという状況。年収二〇〇万円以下のいわゆるワーキングプアといわれる人が一〇四五万人。生活保護受給者が史上最高の二〇九万人。かつ、受給者の中には三〇代、四〇代の働きざかりの年代が増えている。

学生たちの昼食が二七〇円から三〇〇円。サラリーマンの昼食は一〇〇〇円は贅沢で五〇〇円から三六〇円という。映画館へ足を運ぶことができなくなっている。今回の「消費不況」が日本の映画産業・映画界を飲み込んでいる。これが二〇一一年度の興行収入、映画人口の二〇％マイナスの根底にある原因といっていいだろう。

▼三つは、スクリーン数、一八年ぶりに減少

興行収入と入場者数について見てきたが、さらに、二〇一一年度の映画指標の減少で見逃せ

ないのは、スクリーン数の一八年ぶりの減少である。

一九九三年に日本で最初のシネコンが誕生した。それ以来シネコンラッシュが続き、例えば二〇〇八年度では全スクリーン数三三五九のうち、シネコン数は七九％に達した。ところが二〇一〇年度は前年比でシネコン数は同数となり増加がとまった。

たしかにシネコンは映画人口を増やした面もあるが、はたしてシネコンはどういう役割を果たしてきたか。シネコン誕生当時、「もっとも効率的な興行方式」（通産省をはじめ）といってきたが、シネコン本部が今作品がもうかるか、もうからないかを選択し、収入の成績しだいで上映日数を減らしたり増やしたり、したがって観客の側から見ると、多様な映画や、あまりもうからないが良質な作品は、観る機会が減らされたのではなかろうか。
▼四つ目に映画のデジタル化の問題がある
前述の記者会見で大谷会長は今日三三三九スクリーンのうち、六〇％がデジタル化したと発表した。大手シネコンは二〇一二年度中にフィルム上映からデジタル上映へとほぼ移行する。デジタル上映の設備には一〇〇〇万円がかかるという。街の小規模な映画館は導入か閉館かが迫られそうだ。
▼五つ目に公開本数が前年比八三本増については
もう一つの指標、公開本数が前年比で八三本増え七九九本になっていることをどう見るかで

ある。前述したような日本国民の今日の生活破壊と映画鑑賞条件のもとでは、国民が映画鑑賞する要求が抑制されて、公開本数（映画の製作数）は経済学的には需要と供給の関係からいうと、「過剰」ということではないのか。

日本映画の今日の危機をどう打開するか――『文化芸術振興基本法』『映画振興に関する懇談会』の「提言」を重要な一つの拠り所として――

今日の日本映画の危機を打開するには、日本の政治を財界本位の国民不在、輸出優先などの政治と経済から、雇用と仕事を確保し、内需中心の政治と経済に転換することが不可欠であることに異論はなかろう。

それを前提として、またその進行と平行して日本映画の今日の危機をどう打開するか。

この日本で自公政権時代の二〇〇一年に国民的議論が充分に尽くされていないという批判もあったが、超党派で『文化芸術振興基本法』が成立した。この法律には次の大切な理念の四点が集約されている。

文化芸術振興基本の四つの理念

①文化芸術の自由を保障する。
②文化芸術の継承と発展を図る。
③文化芸術を誰もが享受できるようにする。
④文化芸術の多様性を確保する。

他方、映画の分野ではそうした機運の中で、二〇〇二年には文化庁（当時の文化庁長官は河合隼雄氏）の諮問機関ができ、翌年二〇〇三年四月には『映画振興に関する懇談会』が発足した。この「懇談会」の座長は当時東京国立近代美術館フォルムセンター名誉館長の高野悦子さん。高野さんの座長のもとに映画監督、シナリオライター、映画会社幹部、独立プロ代表、カメラマン、俳優、映画館経営者、ジャーナリスト、大学教授ら豪華な協力者二二名と、それに加え四つの分科会が設けられ、それぞれに前述のメンバー以外に一三名が参加し、総計三五名で構成され、一四回にわたって会議が重ねられた。そして、文章として「映画の今日的意味」「国の映画振興の基本方向」が出され、「明日の日本映画のための施策」として、「国の『映画振興の基本的方向』の考え方にのっとり、国は、次のような施策を推進することが適当と考える」

とし、一二本の柱を「提言」として確認した。その「一二本」とは次の内容である。

「提言」――一二本の柱

①日本映画のフィルムをきちんと保存できるように
②新たな形式で幅広く製作支援ができるように
③いろいろな場所でもっとロケーションができるように
④映画を見られる場がもっと増えるように
⑤いろいろな映画がもっと上映されるように
⑥映画祭がもっと盛んになるように
⑦日本映画もっと海外で見られるように
⑧現場で再び人材が育つように
⑨みんなが集える場が作られるように
⑩映画に対する社会の見方が変わるように
⑪子供が映画を見られる機会が増えるように
⑫フィルムセンターをもっとみんなのものにするために

どの柱も「みんなで、~しよう」との強い意味が含まれている。

ところが自らが率先して決めておきながら、小泉内閣はその後すっかり「一二本の柱」と「提言」を置き去りにし、今日の野田内閣もそれに逆行している。その責任はきわめて重い。今日、とりわけ『文化芸術振興基本法』と、『映画振興に関する懇談会』の「一二本の柱」と「提言」の実行を文化庁、同懇談会、日本の映画人、映画ファンの先頭に圧倒的国民的世論で、政府に実施を強く広く迫っていくことが大いに求められているのではなかろうか。

そして、映画人をはじめとし、個人としても「一二本」のうちどれからでもそれぞれの持ち場で、「みんなで、～しよう」の立場と精神で、日本映画の再生を少しずつでも前進させていかなくてはならないのではなかろうか。

実際、「一二本の柱」と「提言」は今日の社会の変化と映画の激変で、それは相当古くなっている所もあり、今日的な修正を加えていくことが必要かと思われる。

今日の新しい映画産業・映画界の変化の中で、日本映画の危機をどう打開するか。『文化芸術振興基本法』『映画振興に関する懇談会』の「一二本の柱」と「提言」を、重要な一つの拠り所として進められないか。

（二〇一二年三月二十四日）

第43回日本映画復興会議全国集会討議資料

（『現在映画評論―映画評論家山田和夫さんから受け継ぐべきこと』からの再録／二〇一三年／光陽出版社）

（4）映画時報

2013年全国映画概況
興行収入・入場人口　前年並み
――昨年、どんな映画を見ましたか――

2014年1月28日、映連（日本映画製作者連盟、会長＝大谷信義／松竹・東宝・東映・KADOKAWA）が2013年度の『全国映画概況』を記者会見で発表した。そこで渡された二つの資料一つは『2013年度（平成25年）全国映画概況』、もう一つは『2013年（平成25年）興行収入10億円以上番組』。これらの資料から、日本の映画と映画産業の姿が浮き彫りになる（資料参照）。

日本映画産業はいびつで、低迷と深刻な危機がつづく

そこで、前者の資料から、入場者数を見てみよう。入場者

2013年（平成25年）全国映画概況

平成26年1月発表

区分	平成25年		前年比	平成24年	
入場人員	155,888千人		100.5%	155,159千人	
興行収入	194,237百万円		99.5%	195,190百万円	
邦画	117,685	60.6%	91.8%	128,181	65.7%
洋画	76,552	39.4%	114.2%	67,009	34.3%
平均入場料金	1,246円		99.0%	1,258円	
公開本数	1,117本			983本	
邦画	591本			554本	
洋画	526本			429本	
スクリーン数	3,318スクリーン			3,290スクリーン	

2013年（平成25年）興行収入10億円以上番組

（平成26年1月）　【邦画】　一般社団法人日本映画製作者連盟

順位	公開月	作品名	興収　億	配給会社
1	7月	風立ちぬ	120.2*	東宝
2	12/12月	ONE PIECE FILMZ	68.7	東宝
3	3月	映画ドラえもんのび太のひみつ道具博物館	39.8	東宝
4	4月	名探偵コナン　絶海の孤島（プライベート・アイ）	36.3	東宝
5	6月	真夏の方程式	33.1	東宝
6	8月	映画　謎解きはディナーのあとで	32.5	東宝
7	9月	そして父になる	32.0	GAGA
8	7月	劇場版ポケットモンスターベストウィッシュ『神速のゲノセクトミュウツー覚醒』／ピカチュウとイーブイ☆フレンズ	31.7	東宝
9	3月	ドラゴンボールZ神と神	29.9	東映 /FOX
10	11月	清須会議	29.6	東宝
11	11月	劇場版　ＳＰＥＳ～結～漸ノ編	27.5*	東宝
12	3月	プラチナデータ	26.4	東宝
13	9月	謝罪の王様	21.8	東宝
14	1月	ストロベリーナイト	21.5	東宝
15	10月	劇場版　魔法少女まどか☆マギカ［新編］叛逆の物語	20.8*	WB
16	11月	劇場版　SPEC～結～爻の編	20.6	東宝
17	9月	劇場版　ATARU-THE FIRST LAVE & THE LAST KILL	18.5	東宝
18	4月	藁の楯　わらのたて	18.3	WB
19	1月	東京家族	18.2	松竹
20	10月	陽だまりの彼女	17.9	東宝 / アスミック・エース
21	12/12月	今日、恋をはじめます	17.7	東宝
22	4月	図書館戦争	17.2	東宝
23	7月	劇場版　銀魂　完結編　万事屋よ永遠なれ	17.0	WB
24	8月	少年H	15.6	東宝
25	3月	相棒シリーズＸＤＡＹ	13.4	東映 /FOX
26	4月	映画クレヨンしんちゃん　バカうまっ！B級グルメサバイバル‼	13.0	東宝
27	2月	脳男	12.7	東宝
28	8月	劇場版　仮面ライダーウィザードインマジックランド／劇場版獣電戦隊キュウリュウジャーガブリンチョ・オブ・ミュージック	12.3	東映
29	1月	劇場版　HUNTER × HUNTER 緋色の幻影	12.1	東宝
30	12/12月	仮面ライダー×仮面ライダー　ウィザード＆フォーゼ　MOVIE大戦アルティメイタム	11.9	東映
31	12/12月	映画　妖怪人間ベム	11.7	東宝
32	8月	劇場版　あの日見た花の名前を僕たちはまだ知らない	10.4	アニプレックス
33	3月	映画プリキュアオールスターズNewStage2こころのともだち	10.3	東映
34	5月	クロユリ団地	10.2	松竹
34	6月	奇跡のリンゴ	10.2	東宝

*上映中作品　　　邦画10億円以上作品　興収計　861.0億円

数は一億五千五百八十八万八千人で前年比0・5％で微増。日本経済の状況をよく「失われた20年」といわれるが、その後半部分2000年から2013年の14年間のうち、13年度の映画人口は11番目。この間一番多かったのは2010年の一億七千四百三十五万八千人。映連は長い間、映画人口を二億人にしたいと、高校生は入場料千円にするなど、いろいろ努力を積み重ねてきたが、その二億人という夢から2013年度も、ほど遠いものとなった。ここでも安倍総理のアベノミクスの効果は皆無と言って良い。

日本映画の興行収入の方はどうか。13年度の興業収入の邦画と洋画の合計では、千九百四十二億円で微減。ここにもアベノミクスの効力を見ることはできない。

平均入場料金は昨年6月から一部シネコンが高校生料金千円を導入したことなどもあって12円減の1246円。スクリーン数は28増えて3318スクリーン数となった。公開本数は千百十七本で統計を取り始めた1955年以来、初めて千本を超えた。これは今日では映画が費用が抑えられるデジタル化の進展などにより、安価に製作できることによるもの。

東宝がダントツ、中小プロダクションは倒産、解雇など日常化

前述の資料「2013年興業収入10億円以上番組」を見てほしい。何がわかるか。10億円以上の興収をあげた映画は13年度は34作品ある。その34作品のうち、アニメが1～4位を独占（別表『邦画』アニメの興収状況）。そして前述の34作品のうち20作品が東宝で占める。日本映画

の産業界は東宝がダントツで、東宝の寡占状態である。

他方、日本映画のほとんどを作っている中小プロダクションの状況はどうか。「10億円以上番組」の資料でわかる通り、上位34本までの興業収入の合計は861億円。13年度興収1176億円から861億円を引くと残りは315億円。この315億円の興収を10億円未満の作品、いわゆる当たらなかった557本の中小プロダクションが製作回収費として分け合う。

別表【邦画】アニメ	興収
①風立ちぬ	120.2
	©2013 二馬力・GNDHDDTK
② ONE PIECE FILM Z	68.7
	©尾田栄一郎／2012「ワンピース」製作委員会
③映画ドラえもん のび太のひみつ道具博物館	39.8
	©藤子プロ・小学館・テレビ朝日・シンエイ・ADK 2013

なんと中小プロダクションの一本の平均製作回収費はおよそ五百五十万。この五百五十万から映画館が50%ももっていき、残りの半分づつを配給と製作者で分け合い、製

作者の「収入」は四分の一にしかならない。映画製作者に残る金額はほんのわずか。中小プロのどの作品も採算割れの状態。製作者はつづいて映画を作りつづけることはできない。したがって、中小プロダクションの状況は倒産と解雇の常態化が起きている。大企業と中小プロダクションの間で格差が拡大。日本映画産業の経済の土台は、このような危機の状況にある。ここにもアベノミクス効果はない。これが東宝一人勝ちのいびつな日本映画と日本の映画産業の実態である。

韓国、フランスと比較すると、日本の貧困な映画状況がよくわかる

２０１２年度の韓国映画産業決算報告書によると、韓国の映画入場者数は一億九千八十九万人。日本は同じ年で一億五千五百十五万人。韓国の人口は日本の人口の三分の一。したがって韓国の観客動員率の高さがよくわかる。韓国人の一人あたりの年間映画鑑賞回数は３・８回（日本はおよそ１回）。

韓国では１９７３年公社として『映画振興委員会』（Korean Film Council）を設立。この公社が学生のための支援、ドキュメンタリー映画への支援。そして、その公社はソウル総合撮影所、人材育成の韓国アカデミー、韓国映像資料院などを統括し、映画産業に大きな支援をしている。

映画の質の面を考えても、韓国は、軍事独裁政権から民主化への転換。このことで映画の質が数段と上昇した。韓国映画には民主化や正義を描く作品が多く、オリジナルな作品を作り出している。

他方、今日の日本映画を日本政府はコンテンツ（商品）と表現し、売れ筋の高い小説や漫画の企画が多く、映画製作者が自ら考えるオリジナルな作品がきわめて少ないのが現状。ここにも日本映画の質の問題が内在している。

フランスではどうか。日本が映画作品のことをコンテンツというのに対し、フランスでは「映画は民族の文化」として尊重し、映画への多くの支援策がとられている。フランスの全映画館の入場料金の総興行収入の11％。さらにテレビ局の総売上の5・5％をフランス国立映画センター（ＣＮＣ）に収められる仕組みになっており、そのＣＮＣが、商業的娯楽映画の製作者への支援と、アート系映画や観客動員が充分に見込めない映画に対しても、特別な製作支援を行っている。

さらに、フランスの文化予算は予算全体の1％、日本の文化予算はわずか0・11％。世界でも異常に低い状況である。日本では4月から消費税が5％から8％に上がる予定だが、この映連の記者会見で新聞記者から「消費税はどうなるか」と質問され、大谷会長は「何とか乗り越えられる」楽観的な回答をしたが。1月29日、日本経済新聞は、「女性とシニアは百円値上げ、

ＴＯＨＯシネマズ」と報道した。つまり、現在千円としている60歳以上のシニアと水曜日限定の女性料金を千百円に引き上げるということだ。

その中にあっても、13年度、日本の映画人は力のある良質の映画を多く作り出している

13年度は12年度と比べても劇映画、ドキュメンタリーなどの力作が多数製作されている。その背景は一つは三・一一東日本大震災・福島原発事故によって、映画の製作が遅れ、それが13年度の製作となったのではないか。

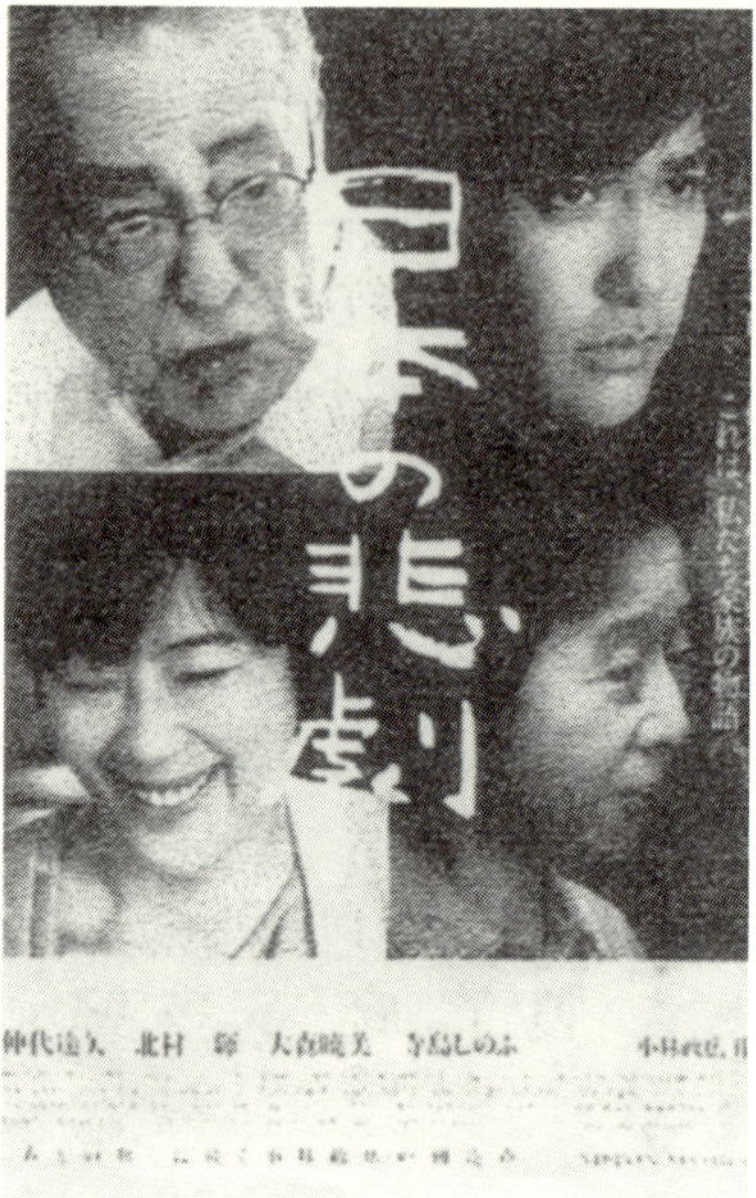

もう一つは昨年はテレビドラマ界で銀行員が上部の不正を正していく復讐劇が社会現象化したが、同じ現象が日本映画界でも起きたのではないか。骨太の作品が多く作られている。

どんな作品があるか。『ひまわり　沖縄は忘れないあの日の空を』（監督・及川善弘）、『はじまりのみち』

（監督・原恵一）、『渡されたバトン～さよなら原発』（監督・池田博穂）、『遺体　明日への十日間』（監督・君塚良一）、『約束　名張毒ぶどう酒事件　死刑囚の生涯』（監督・斉藤潤一）、『少年H』（監督・降旗康男）、『舟を編む』（監督・石井裕也）、『東京家族』（監督・山田洋次）、『日本の悲劇』（監督・小林政広）、『ひまわりと子犬の7日間』（監督・平松恵美）、『ペコロスの母に会いに行く』（森崎東）―以上劇映画。『先祖になる』（監督・池谷薫）、『原爆症認定集団訴訟の記録　おりづる』（監督・有原誠治）、『標的の村』（三上智恵）、『架け橋　きこえなかった3・11』（監督・今村彩子）、『ふじ学徒隊』（野村岳也）、『食卓の肖像』（監督・金子サトシ）以上記録映画である。『風立ちぬ』（監督・宮崎駿）『かぐや姫の物語』（高畑勲）はアニメだ。

皆さんは、昨年どんな映画を見ましたか。

『東京私学退職教通信　№98』　2014・3・12

(5) 二〇一六年度映画概要
ごくごく一部の映画(企業)に興行収入が集中、
圧倒的映画(プロダクション)は、疲弊

映画興行収入が過去最高に入場者数は二〇一六年も二億人にとどかず

日本映画製作者連盟(岡田裕介会長/東宝、松竹、東映企業などメジャーで構成されている)は一月二四日、二〇一六年度の日本の映画興行収入が前年比八・五%増の二、三五五億八〇〇万円に達し、現在の発表形式に変わった二〇〇〇年以降で過去最高となったことを発表した。入場者数は映連が追求してきた二億人を一六年度も到達しなかった。

戦後の日本映画史を大ざっぱに見ると、日本の映画人口が一番多かったのが一九五八年(一一億二、七〇〇万人)、映画館数のピークが一九六〇年の七、四五七。この黄金時代をへて、一九六八年には「茶の間のテレビ」が快進撃。映画は「斜陽化」。一九七〇年に入り、日本映画は興行収入一〇億円以上の観客を集める少数の映画と、映画の製作費さえ回収できない、圧倒的多数の作品とに二分化する時代に入る。

小泉=第一次安倍内閣の国の映画予算縮小時代。まず、小泉内閣は二〇〇一年度から特殊法

人の『整理合理化計画』という方針を進め、公共事業や大企業奉仕の事業は温存し、映画分野でいえば、『日本芸術文化振興会』の独立法人化を行い、一言でいえば、これまでの芸術文化振興事業への国の助成を縮小した。今日の安倍内閣はさらに縮小している。

何よりも目を引くのは、（二〇〇七年度）少数のヒット作品と大多数の非ヒット作品との興行収入のすさまじい格差。前者の興行収入は映画全体の七七％を超える。他方、後者は一本当たりの興行収入の平均額は五、七二六万円。この興行収入の半分は映画館に。残りの半分が配給者へ。製作者へは配給取り分の半分以下。

日本映画の作品の九割以上が製作費を回収できず。従って製作者は次の作品の製作ができず、日本映画全体として日本映画の製作・興行・配給など、循環が危機的状況、疲弊している。二〇〇七年度の圧倒的な非ヒット作品の一本当たり平均金額を五、七二六万円と記述したが、二〇一六年度はどうなっているか。二、四一〇万円である。両者を比べると、一六年度は二〇〇七年度比で四二％へと疲弊しきっている。

今日、国の全予算の芸術文化（映画を含めて）予算の占める割合は何と一％、フランスや韓国の一〇分の一、八分の一。芸術文化振興の基本的課題の一つは、国の予算の拡充と日本映画への公的支援の抜本的強化です。

『天狗講と下町人間のつどい　No.１６７』２０１７．５．10

第四章
『映画作品評』ぜひ、見てもらいたい映画

（1）話題作品『デビルズ・ダブル』（ベルギー映画）

〝サダム・フセイン〟の息子の影武者だった青年の実話を映画化、暴君の暴力性、残虐性、頽廃性を大胆に描ききった衝撃の真実——

〝瓜二つ〟の男性をさらに整形手術と所作訓練で、そつくりの男に

この映画が描き出す中心的時間は、１９９０年8月イラクが隣国クウェートに侵攻した湾岸危機と、その後ブッシュ大統領（当時／父親）が米政権を先頭として多国籍軍を結成、９１年1月イラク空爆を開始して湾岸戦争が勃発。２月には地上戦へ、クウェートを解放、戦闘は２月28日に集結したあの時代である。

影武者といえば黒澤明監督映画『影武者』（主演・仲代達矢／１９８０年作品）の、危うく処刑をまぬがれた盗人が武田信玄の影武者となり、信玄の幻に威圧されながら敵を欺いていくという、あの映画のことを思い出してもらいたい。

映画の出だしは高級車がサダム・フセインの息子の悪名高いウダイ・フセインの豪華な館に入っていく所から始まる。その車の中にはそのウダイに瓜二つのラティフ・ヤビア（ドミニク・

クーパー、二役を演じる）が乗せられている。ラティフは中学生時代はウダイと同級生で当時からよく似ていると言われた。今はイラク軍の中尉。戦争が終われば父親の家を継ぐことになっている。そのラティフがウダイの前に連れてこられる。そして、「俺のために働け」と告げられ、それをラティフが拒否すると、ドイツ流などの残酷な拷問にかけられ、その上「彼の家族を殺す」と脅迫され、他にはラティフの選択肢はない。彼は影武者となる。

さらに、ラティフを限りなくウダイに似せるため、顔を整形手術しウダイと同じ歯形にするために義歯を作り、性器まで同じ寸法にさせられ、ウダイの所作の猛訓練もさせられる。影武者となったラティフはウダイの間近でウダイを見守るという全く自由のない生活に入る。

ウダイの日常は狂った言動と暴力、その上異常なまでに欲求するセックス

サダム・フセインの息子であり〝狂気の申し子〟、父をして「生まれた時に殺しておけばよかった」と言われるウダイの日常の生活はどうか。莫大な資産と父親をのぞいてすべての人間を平伏させる権力を持ち、抵抗する者は銃で撃ち殺し、軌道を逸したセックスへの執着。〝ベイルートの美人〟と言われる女性サラブ（リュディヴィーヌ・サニエ）を日常的にそばにはべらせながら、バグダッドの街に出ると女子学生をつかまえレイプ、結婚式場の花嫁まで強姦し、彼女

は式場の屋上から飛び降りて自殺。
誕生日のパーティでは若い男女がたくさん集まっている中で、とりわけ女性を命令で全裸にする。異様なこれらの光景がスクリーンに映し出される。外では湾岸戦争が始まり、アメリカ軍の爆撃の音がしきりにしている。

影武者にさせられたラティフはウダイの残虐にどう対応し、生き貫いたか

ウダイに似ていることで強引に影武者にさせられたラティフはどう対応し、どのように生きたか。前述した大見出しのようにこの映画は1987年から1991年までウダイの影武者として過ごし、その後ヨーロッパへ亡命、最後には国際法律博士となった彼が影武者の時代の作家として書き残した実話の映画化である。

ラティフはウダイのそばで拷問のような時間を過ごす。

ラティフはまたサダム・フセイン大統領から湾岸戦争が勃発後、ウダイの影武者となって戦場に出向き兵士を激励するように、との命令を受ける。彼は前線にいき戦争をしている沢山の兵士たちの前で「クウェートは石油を奪っている。戦え!」と完璧な演技でスピーチをする。その後、ラティフはウダイの女性であるサラヴとイランから外国へ逃亡するが二人が到着したホテルに着いたと同時にホテルの電話のベルが鳴る。ラティフが電話に出ると電話の声はウダ

イ。どこまでも追っかけてくる。

そして、ウダイはただちに戻ってこないと「家族を殺す」と脅かし、つづいて電話に出たのはラティフの父親。父親は電話の向こうの息子のラティフに「家族のことは心配するな。お前は自由に生きろ」と励ます。ただちに父親は銃殺される。

ラティフは人間性を奪われた影武者の人生を取り戻すことができたのか。前述したように影武者の時代の本を書き、映画では彼を最後に見たのはアイルランドであったこと。ウダイの方は同じく映画の最後で湾岸戦争の終わりに米軍によって殺されたことをスーパーインポーズされる（日本語で画面に文字で焼き付ける）。

この映画はウダイとラティフの物語りの背景を――フセインのクルト人大虐殺、イラク市民の殺害なども――広く深く描く

この映画はウダイとラティフの物語の狂った状況をパーフェクトに残酷に、エンターテイメントとして面白く描きながら、この時代の背景も広く深くリアルに描いている。例えば、私たちが湾岸戦争についてテレビであの当時アメリカ軍のイラクへの総攻撃の映像の数々を見せられたが、それら映像もこの映画で沢山使われており、他方、サダム・フセイン政権下での状況。市民に対する日常的な逮捕や拷問、脅迫を思わせる場面や、クルト人への毒ガスによる大虐殺

を想像させるシーンも登場させている。
ある影武者だった男が物語る衝撃の真実。それらを残酷と頽廃の極致までを見せられるが、この作品は見ている者をスクリーンに釘付けにし、吸い込ませる強い力を持って描き切っている。超大作と言えるだろう。

『東京私学退職教通信　No.85』　2012．1．13

（2）『はさみ　hasami』

理容・美容学校のことを知っていますか？
―どんな学校にも、学校に共通する教育の素晴らしさがあることを描く―

最近のテレビ・新聞を見ていると、〝はさみ〟とは、人を殺傷する大変危険な武器として感じてしまう。だが、この映画の題名の『はさみ　hasami』とは―。理容・美容学校での授業の中で、学生たちが使う大切な道具のこと。この〝はさみ〟で学生たちは人を綺麗にする技術を学ぶ。理容・美容学校の修年月は二年間である。

舞台はＪＲ中野駅近くの街―
登場する学生たちの生活がきわめてリアルに

この映画の舞台はＪＲ中野駅近くの〝中野ブロードウェイ〟や中野の商店街。この映画の中では尖った中野の区役所も登場する。中野区の協力を得て制作された映画だ。この街の近くにこの映画の理容・美容学校がある。

理容師の卵、美容師の卵の学生たちがこの学校に全国から集まってくる。この映画ではそれらの学生たちの学生生活を現在の生活感溢れさせていて、きわめて、リアルに描く。最近、これほどまでに、現実生活の中で問題点をかかえて苦悶し一生懸命に生きる学生たちの映画の映像での姿を見たことはない。その点、きわめて秀逸である。

ある女性の学生は、友達も出来、学校の技術を学ぶことでも優秀だが、田舎の親が子どもの奨学金を使い果たしてしまい、退学を余儀なくされる。雨が降るなか先生や仲間に見送られて田舎に帰っていく。ある学生は気負いすぎて学校に出られなくなってしまう。また、別の女子学生はカットを学ぶことが思うようにいかず、他方、彼女のボーイフレンドも警察沙汰の事故を起こし、未来は絶望的。

もう一人紹介したいのは男子学生。田舎での生活では母親が死亡。父親に若い母親が来て、この学生との親子関係がうまくいかず、東京のこの理容・美容学校に入学したものの、授業と友達関係が前に進んでいかない。

教職員はどうか、きわめて熱心に授業と生活指導の両面をサポートする

先生たちはそうした学生たちに対してどう対応しているのか。先生たちとともに教員たちは、一丸となって理・美容の技術を身につけさせる授業に全力。それとともに、学生たちの生活面でも熱心にサポートする。前述した親が奨学金を使い果たして退学せざるを得ない女子学生に

対して、「東京で住み込みの理・美容の店はないか」、と探しまわり、授業に希望を見いだせない学生に対しては、国家試験までの目標を持たせ、授業が終った後も先生たちはハサミの技術の授業を教えていく。

新人の女性教師（久沙江）を演ずるのが、池脇千鶴さん。その久沙江先生に対してアドバイスて激励を送り、先輩教師を演ずるのが竹下景子さん。その先輩教師に不安を持ち悩むのは生徒たちだけでなく、新人教師の久沙江もまた、学生の生活指導に打開の道を見いだせず、「教師をやめよう」と先輩教師を悩ませる。そこの所が実によい。

この映画のラストは先輩の教師が新人の教師を誘い、居酒屋に出かけるところで終わる

この映画に登場してきた学生たちは、人生を前に進めることが出来たのか。何人かは前に進み、他方、別の学生は理・美容の道から退却していく。

親子関係がうまくいかなかった男子学生は、新しい母親と父親との間に赤ん坊（この学生にとって弟）が生まれ、その弟を胸に抱き、わだかまりが解けていく。カットについて授業がうまくいかず、ボーイフレンドとの間もつまずいた女子学生も、カットの技術も前進し、理・美容の仕事に希望を見いだしていく。

久沙江と先輩教師の先生の、学生たちについての最大の悩みは、途中で学校に来なくなったある女子学生のこと。その学生が母親と一緒に先生たちの所にやって来て、学校を退学し理・美容の道を捨てるという。先生たちは本人と母親に思い直すように言うが、母親は「娘の言うとおりにしたい。父親も同じ意見だ」と先生たちの助言と心配をあまり深くとらえず突っ張る。

とりわけこの学生の生活指導に重きを置いてきた久沙江先生はきわめてがっかり。教師としての自信も失いかける。その時、当日の授業と学生の生活相談の指導も終わり、先輩の先生が後輩の久沙江先生に「今夜は居酒屋でとことん飲もう」「グチと理・美容教育について語り合おう」と呼びかける。二人は校門から中野の街に向かって出かけていく。これがラストシーンだ。

理・美容の仕事は〝人を美しくする〟こと

最後にこの映画が一番アピールしているテーマは何か。それは理容・美容の仕事の、〝やりがい〟〝生きがい〟とは何か、ということである。この映画は作品の中心に、理・美容の仕事の、〝やりがい〟〝生きがい〟は〝人を美しくする〟ことだ、と誇り高く謳い上げている。私はこのことに強く胸を打たれた。

日本PTA全国評議会推薦、年少者映画審議会推奨映画である。監督、光石富士朗。

『東京私学退職教通信　No.87』　2012．5．2

（3）『がんばっぺ　フラガール！〜フクシマに生きる。彼女たちのいま〜』（記録映画）

—ラストシーンが最高！

力強さと優しさに満ち、福島の新しい復興力にあふれている—

この作品を深く理解するには、前作『フラガール』を思い出す必要がある

前作『フラガール』は6年前の2006年に制作され、大ヒットした。この『フラガール』は1966年、国策として国家のエネルギー政策の大転換＝石炭から石油へ移行する状況の中、福島県いわき市の常磐炭鉱が廃棄される状況のもと、炭鉱経営者、炭鉱で働く労働者、炭鉱の娘たちと、そしてそこに住んでいた人たちが、共同作業として苦難を乗り越え、『常磐ハワイアンセンター』（『現スパリゾートハワイアンズ』）を誕生させる物語であった。この巨大な楽園がいわきのピンチを救ったのだ。

ダンスの教師として東京からやってきたのは、元SKDの踊り子・まどか（松雪泰子）。親友の早苗（徳永えり）にさそわれて、高校を休んでフラガールの練習に励むのが紀美子（蒼井優）。紀美子の母（冨司純子）は娘がフラガールに加わることに、賛成していない。他方、紀美子の兄・洋二郎（豊川悦司）は妹をはじめフラガールたちを応援し支える。

彼女たちは厳しくて苦しい練習を経て、今から45年前のように旧『常磐ハワイアンセンター』の舞台に立った。それから45年。映画『フラガール』が公開されてから6年して、2011年3月11日に東日本大震災と大津波が起き、そして原発事故が続き、いわき市は地震・大津波・原発事故、それに風評被害を加え甚大な被害を被った。

つづく記録映画『がんばっぺフラガール』は、3・11以降からリゾート施設再開までを記録する

『がんばっぺフラガール!~フクシマに生きる。彼女たちのいま~』は、3・11以降リゾート施設は休業を余儀なくされ、フラガールたちは全国キャラバンに出て、10月1日にいわき市にもどってきて、再開された施設の舞台に立つまでを、ドキュメンタリーとして描く。『スパリゾートハワイアンズ』の施設が被害にあい、ホテルの一部は避難してきた市民に開放される。フラガールたちは秋田県から東京都など、全国で150カ所、それぞれの地方の人たちの前で元気な姿で踊り交流をする。交流の場所の中には、福島県の南相馬の市民が避難している埼玉県の加須市を訪問。被災している同じ福島県民同志の再会の場は熱く盛り上がり、互いに激励し合う。

また、フラガールの彼女たち自身も被災しており、この作品はその中の一人の、ダンシング

チームのサブリーダーの大森梨江さんのキャラバンでの活動と、被災した家族の状況を取り上げる。大森さんは福島第一原発のある双葉町の出身。双葉町は「避難地域」に入っており、家族の両親は他県に避難。ある一日の短時間－「避難地域」に帰ってよい、という国からの許可が出て、両親と彼女はほんの一時自宅に帰る。

自宅の二階から2キロ先の第一原子力発電所が見える。原発へとつづく入口の道路の上の看板には、「原発はゆたかな未来をつくる」と鮮やかな文字が書かれている。この文字は大森梨江さんの父親が書いたもの。

彼女の母親はその時は「何もわからなかった」と語る。梨江さんが可愛がっていた猫も見つかる。こうした状況の中で『スパリゾートハワイアンズ』のスタッフたちは、施設の開業に向けて少しづつ着実に前進していく。

そして、ついにリゾート施設が10月1日に完成。いよいよフラガールたちが舞台に上がる日がやってくる。その日は早朝から観客の行列ができ、８００人の観客で満員になる。フラガールたちの踊りは最高！。地震・大津波・原発事故、そして風評被害の、四重苦の体験の中での彼女たちの全国キャラバン。彼女たちはその中で鍛えられ、身体的にも精神的にも芸術的にも大きく成長し、彼女たちのダンスは力強さとそれに優しさが一段と加わり、最高の舞台芸術家集団として立ち現れる。

満員の観客。老若男女、子どもたちの観客の大群衆。観客の女性の目からは涙が頬を伝って落ちている。その涙を彼女は無意識のうちに手で拭いている。他方、フラガールたちの目からも涙。必死にその涙をこらえるダンサーたち。福島の復旧・復興への、正真正銘の新たな力となってこの映画を見る観客に迫ってくる。

ナレーションは蒼井優。

『東京私学退職教通信　No.88』２０１２．７．11

【二〇一三年度作品】

（1）『ひまわりと子犬の7日間』
人間と人間の社会は動物（犬）の生命を守り切れるのか

これまで犬と人間をテーマとする映画が沢山作られてきたが、それらの作品は互いに「助け合う」という関係が描かれてきたことが多かったように思う。だが、この映画は両者の関係を、今日、飼い主のいない犬や野犬などが保健所（動物保護管理所）に収容され、一年間に36万頭（猫も含めて）、〝殺処分〟されている現実に、一歩踏み込んで、人間と人間の社会が動物（犬）の生命を守り切れるのかどうか。人間に〝殺処分〟のように犬の生命を奪う権利があるのかどうか、をこの作品は厳しく問うている。

宮崎県の保健所の実話をもとにして、職場では〝殺処分〟までの期間わずか一週間

この映画は2007年、宮崎県の保健所で起こった犬の〝殺処分〟という実話をもとにして製作された作品である。この保健所では上司桜井（小林稔侍）の指導のもとに、この映画の主人公神崎彰司（堺雅人）、ベテランの安岡（でんでん）、新人の佐々木一也（若林正恭）三人の職員がそれらの仕事についている。そして、この映画のドラマはその保健所の職員と彰司の家族の二つの場所を中心に展開していく。

まずは職場では。保健所に犬が収容されてから〝殺処分〟までの期間はわずかに一週間。その間に職員はあらゆる手立てをつくして里親を探し出す努力をする。ある朝、彰司が期限をのばして犬を収容していることについて、上司の桜井から「期限の規則を守ること。飼育科の予算も限られているのだ！」と厳しく説教されている。

彰司はできる限り犬の生命を守りたいと仕事をしている。安岡は内心彰司の立場をサポートし、一也は「こんな仕事は自分にはむかない」と口に出しながらの毎日。彰司らを彰司の幼なじみの獣医師の五十嵐美久（中谷美紀）が支えている。上司と三人の職員の仕事をめぐっての立ち位置の違いと、三人の仕事への身の入れ方にそれぞれの人間模様がきわめてリアルに、ユーモアも加えて描き出されている。

一週間の期限内に飼い主を見つけられなければ、「お父さんはどうするの？」

彰司の家族の場合はどうか。彼の妻は五年前交通事故で死亡。今は小学校五年生の里美と弟の冬樹と母の琴江（吉行和子）の四人で暮らしている。この家には彰司が犬の生命を大切にしようと、里親として飼育している犬が数匹もおり、娘の里美は父親の里親さがしの仕事も手助けしている。

ところが、この家族に大問題が起きる。里美が友達の母親から彰司が犬の〝殺処分〟の仕事にかかわっていることを小耳にする。里美は父の彰司を問いつめる。犬の飼い主を探すことがお父さんの仕事として、もし一週間の期限内に飼い主をつけられなければ、「お父さんはどうするの？」。

野犬が保健所に捕獲される
彰司は必死で〝殺処分〟を避けようとする

そして、二月七日。野犬の母犬と三匹の子犬が保健所に捕獲される。この犬たちの〝殺処分〟の期限は二月一四日と決まる。母親の野犬はこれまでに経験のないほどの狂暴さである。彰司が柵の外から一歩近づくと、母犬は子犬を守ろうとして、大声で吠え、恐ろしいほどの形相で、死にものぐるいで襲いかかってくる。彰司は里親をさがす前にこの野犬の狂暴さをなくさなければならない。母犬がこうなったのには理由がある。母犬はかって宮崎県の山村で老夫婦に大切にされて育ち、その夫婦との間には深い絆で結ばれていた。それが不幸にも夫人が死亡。つづいて夫が老人ホームへ。飼い主を失った母犬は野良犬となり三匹の子犬を産んでいた。

上司の桜井からは最近野犬が中学生を傷つけた例を示し、改めて「野犬を期限通りにルールを守って処分する」ように命令がくだる。里美からは「お父さん、親子を殺さないで」と懇願される。

南国の宮崎にも二月は寒波がおそい、一匹の子犬が死亡する。この時彰司の心が動く。この親子の生命の期限の日をのばして二月二八日と書き改める。彰司は家から暖かい布を持ってきて、犬の親子の所に置いてやる。

さらに、彰司は妻がかつて言っていた「どんな動物も友達になれる」という言葉を思い出し、最終的な殺処分の日の五日前の七月二三日から、寒い管理所に泊まり込む。二四日は清潔にしようと檻の中に入る。若干母犬の方も変化がみられて、これまでのように唸らない。二五日には餌を持って中に入り、思わず子犬に手を出すと、母犬が彰司の腕をかむ。殺処分の日を間近にして里美は母犬の名を「ひまわり」と名づける。殺処分前日には二匹の子犬は彰司の家で飼うことを彰司は決意する。

〝殺処分〟の日、二八日の朝が明ける、母犬の生命は助けられるのか。
平松女性監督のデビュー作品、新境地を開いている

そして、殺処分の日、二八日の朝が明ける。母犬はどうなるのか。彰司たちは母犬の生命を助けられるのか。人間と人間の社会は、母犬の生命を救う希望をととのえられるのか。

この映画の脚本と監督は、山田洋次監督のもとで長年仕事をしてきた平松恵美子さん。この映画が監督のデビュー作品である。松竹映画にとっては、五〇年前、田中絹代監督が『お吟さま』（１９６２年）を制作して以来の、松竹からの女性監督の誕生である。平松監督は山田監督の作風を受け継ぎながらも、今日、人間による動物（犬）をめぐっての〝殺処分〟という厳しい現実に真正面から向き合い、犬の生命の大切さを守ろうとする彰司たち職員と彰司を応援する家族の暖かさと、ヒューマンさを感動的に描き出し、新境地を開いている。

『東京私学退職教通信　№92』２０１3．3．13

【二〇一四年度】

（1）『救いたい』
3・11大震災・過酷事故から困難を乗り越え、前向きに生きる人たちの〝今〟を描く

この映画の舞台は、仙台・塩釜・石巻市など、時間は3・11からおよそ3年たった被災地の人たちの〝今〟を描く。原作は前仙台医療センター麻酔科医長の田村隆枝さんのエッセイ。

手術中、麻酔科医はどんな役割を果たしているのか

この映画から、まずほとんど知られていない麻酔科医という仕事がどんなに大切な役割を果たしているのか、良く理解できる。麻酔科医の仕事の内容について、原作の田村さんは次のように語っている。

「麻酔科医の仕事は、患者さんに麻酔薬を投与してそれで終わりではありません」。「手術中というのは、切った張ったの侵襲というものが、雨あられのように患者さんに降ってきます」。「患者さんは自分自身で防御することは出来ません」。「患者さんになりかわって万全の準備で

それらの侵襲を予想し、適切に対処し、手術後は何事もなかったかのように目覚めさせます」。「そのように麻酔科医の仕事は、最新医療に欠かせない存在でありながら」、「その仕事にスポットライトが当たることはありません。一昨年、天皇陛下の冠動脈バイパス手術を行った手術も、外科医の『神の手』がテレビで大きな話題になった時も、手術中に陛下の命を預かっていた麻酔科医の存在は表に出ませんでした」(『救いたい』の映画のパンフえっとより)。

この映画は一人の女性麻酔科医の、私たちの仕事を「知ってもらいたい」という願いから生まれた。この麻酔科医の川島隆子さん役を鈴木京香さんが演じている。隆子医師の夫の川島貞一さんの役を三浦友和さんが、演じている。貞一さんもまた医師。その他、隆子さんの部下の若い麻酔科医の鷹峰純子役には、貫地谷しほりさんが、純子さんへ想いを寄せる自衛官の三崎大樹役には、渡辺大さんが。夫の診療所で働く看護師の吉田美菜役を中越典子さんが演じ、この映画には多彩なキャストが出演している。

3・11を経て現在を生きる人たちの物語

前述の天皇陛下の外科医がスクリーンの真ん中に登場したように、この映画では、はっきりと麻酔科医(隆子と純子)がスクリーンに登場する。何回か登場する手術室では、隆子さんは麻酔科医の仕事について、説得力ある説明をする。純子さんは手術の進行に合わせて適格に行動をする。

夫の貞一氏の方は、3・11以後川島医院を無期限に休診し、被災地で地域医療のため診療所を立ち上げる。仮設住宅を訪問し、老人たちの健康状況を見守る。かつての自分の家があった荒地に一人ぽつんと坐っている老人たちを激励する。老人たちへの保障などの手続を「互助会が面倒を見る」といって、老人たちを騙す詐欺師たちを摘発、老人たちを助ける。

魚類の水揚げが、3・11以前の半分ぐらいに前進し、労働者を再雇用し、工場を再建した経営者・岸義行も登場する（津川雅彦が演じている）。彼は仕事を息子に任せ、自分はかつて毎年盛大に行われていた秋祭りの方へ力を注ぐ。御輿を担ぎ、ワッショイ、ワッショイの掛け声で街を練り歩き、秋祭りを成功させ、街を活気づける。

他方、ドラマは明と暗を織りなしながら展開していく。前述の看護師の美菜は、明るく優しく振る舞っているが、3・11で夫を亡くし心に傷を負っている。夫の母、つまり、彼女にとって義理の母（藤村志保）から、「あなたはまだ若いのだから、息子のことは忘れ、新たな人生を歩みなさい」と言われ、大きく泣き崩れる美菜。美菜を演ずる中越典子さんの演技は秀逸で見所。

麻酔科医の隆子と夫の貞一はどう進展するか。祭りの後、3・11当日住民に脅威の恐ろしさで襲いかかってきた、浜辺に出る。貞一は〝人間は負けないぞ〟と海に向かって叫ぶ。二人は寄り添って歩く。まさに被災地で〝今〟を生きる人々を描いた作品である。

『東京私学退職教通信　№１０２』２０１４．11．12

(2)『渡されたバトン　さよなら原発』
住民投票で原発建設を阻止した新潟県巻町の物語

当時の民主党野田内閣はとっくに「収束宣言」をしたはずなのに、今日福島第一原発で、新たな水漏れが次々と明らかになり、汚染水をめぐる状況は、危機的な状況におちいっている。自公安倍内閣は東電や原発利益共同体まかせ。政府が全責任をもつて対応することが即刻に求められている。安倍首相が先頭になつて、原発をセールスする「死の商人」の姿も呆れて言葉にもならない。

そういう状況の時、新潟・巻町での長年にわたる町民のたたかいで、原発を阻止した実話をもとにした映画が作られた。それが『渡されたバトンさよなら原発』である。きわめて時宜を得た作品である。

日本はアメリカの後押しで原発の「平和利用」のもとに、原発大国として進んできたが、その中にあってもいくつかの地域では住民運動によって原発を阻止してきた自治体がある。巻町の例は住民投票によって原発を阻止した例である。

巻町に原発建設が進められようとしたのは、一九六九年八月。住民投票が行われたのは、一九九六年八月。投票総数二万五〇三票（投票率八八・三％）、原発反対一万二四七八票（六一・二二％）、原発賛成七九〇四票（三八・七八％）。二〇〇三年二月、東北電力はやっと「計画断念」の声明を出した。四半世紀にわたる波乱に満ちたたたかいを、この映画はドラマにしている。

映画の始まりと、主要な舞台がおもしろい。

巻町の老舗割烹旅館「珊瑚屋」が舞台。ここの家族は夫の五十嵐常夫（赤塚真人）と妻の節子（高林由紀子）と、娘たちが旅館を切り盛りしている。この旅館の特徴は町の情報がいろいろ入ってくることだ。まずは、角海浜に企業がレジャーランドを開発するという話。住民に夢と期待がふくらむ。他方、つづいて『新潟日報』が原発建設の計画をスクープ。原発そのものがよくわからない旅館の家族も、夫を先頭に原発賛成の意見。それが娘たちの原発懐疑の意見などから、常夫も懐疑から反対派に変わっていく。そして一九七九年のアメリカでスリーマイル島原発事故が発生。町民の反対派の団体が結成されるなど、この町にも異変が起きてくる。映画の中での、このあたりの変化がおもしろい。

もう一つ。反対派の運動は創意的。一九八六年チェルノブイリ原発事故が起き、反対派が活気づき、事故がおこったら放射能はどこまで飛ぶのかを調べるために「ハガキ付き風船」を飛ばす。つづいて、折りづる運動、さらに、それぞれの思いを書くハンカチ運動へ。私が思うに、巻町の賛成派、反対派とも町民の異変の動きの中、映画以上に大変だったのではなかろうか。
いずれにしろ住民投票という意思表示の民主主義を作りあげ、原発建設を阻止した巻町の住民運動の、この『渡されたバトン』という映画を　ぜひ見てほしい。監督は池田博穂氏、脚本はジェームス三木氏。

『東京私学退職教通信　No.97』　2014．1．10

（3）この映画を見て、『南京事件』がなぜ起きたのか、考えてみませんか
『ジョン・ラーベ～南京のシンドラー～』

5月17日（土）江戸東京博物館ホールにおいて、表題の映画が、作られてから6年経って、やっと日本で初公開されました。この映画は、今から77年前の１９３７年12月の『南京事件』を描いた映画です。『南京事件』をテーマとする映画はいくつかありますが、この作品はドイツのツーメンス社南京支社長のジョン・ラーベ（ウルリッヒ・トゥクル）の日記にもとづいて映画化されています。

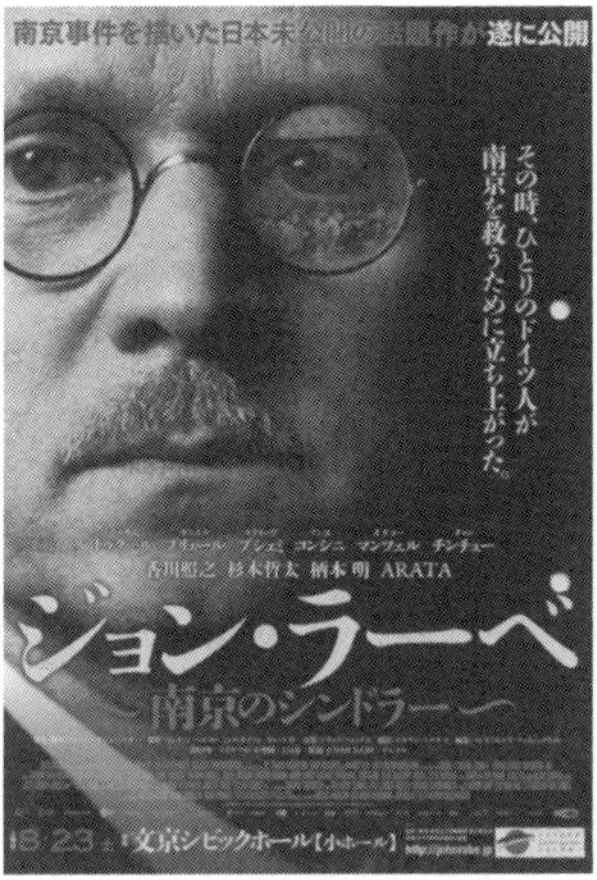

当時の中華民国の首都の南京で、日本軍が迫りくる前に、南京城内に、「南京国際安全区委員会」を設立、安全地帯を作り、アメリカ人をはじめ貧しい南京市民を守ったジョン・ラーベの活躍ぶりを主軸として作られている。

ジョン・ラーベはナチス党員でありながら、国際感覚を持った博愛主義者だった、と言われています。

20万人の市民を救いました。

この映画の製作にあたった国は、ドイツ、フランス、中国の3ヶ国。日本人の俳優も香川照之（朝香宮鳩彦中将）、ARATA（少瀬少佐、この人物だけは映画創作上の創造的人物）、そして、なぜこんなこと［南京事件］が起きたかを描かないのが、この映画の最大の弱点。柄本明（松井石根大将）らが出演している。25ヶ所の難民キャンプ。医療の提供、無料食堂の開設など、活動は多方面にわたっています。

中国では『ラーベ日記』という題名で公開され、人気を獲得、ドイツでは2009年度のドイツ映画賞を受賞した。

この作品はジョン・ラーベを主軸としながらも、日本軍の掃討作戦も描かれ、残酷な略奪、暴行、強姦、放火、殺人の実相を再現しています。

5月17日当日、江戸東京博物館の会場入口には、弁護士の人たちによる防衛体制も執られていました。『南京事件』（1937年）から70周年となった2007年を前後して、世界各地でこの事件をテーマとする映画『アイリス・チャン』（カナダ）、『チルドレン・オブ・ホァンシー』（オーストラリア、中国、ドイツ）など、が製作されていますが、日本においてはそれらは公開されていません。

サンセバスチャン国際映画祭（2009年）で最優秀作品賞を獲得した『南京、南京！』（中国）は、日本では２０１１年に公開。しかし、日本はきわめて世界的な映画の公開に不自由な国といえるでしょう。

『ジョン・ラーベ』のこの作品の監督はドイツ人のフローリアン・ガレンベルガー。

『東京私学退職教通信　No.１００』２０１４．７．９

【二〇一五年度作品】

（1）『日本のいちばん長い日』
一段と昭和天皇を美化、いまこそ、天皇の戦争責任を

この映画（監督・脚本：原田直人／原作：半藤一利）は、太平洋戦争期一九四五年四月。鈴木貫太郎内閣（山崎努）が組閣され、八月十五日、天皇の玉音放送が国民のところに届くまでを、本土決戦を主張する青年将校・畑中健二（松坂桃季）や、畑中ら強硬派と昭和天皇との間で板挟みになる阿南惟幾陸軍大臣（役所広司）など、複数の視点を取り入れて克明に描いている。

七月、連合国は『ポツダム宣言』の受諾を迫ってくる。八月十四日、鈴木内閣の閣僚たちは、御前会議を開き、昭和天皇（本木雅弘）の「聖断」を仰ぐ。閣僚達は、国体の護持、本土決戦を勇ましく主張し、とりわけ天皇だけは異なった発言をする。「本土決戦を行えば、日本民族は絶えてしまう。一人でも多くの日本国民に生きのびてもらい、日本の再生をお願いする」、この作品はこれまでと違って天皇が戦争を止めたというだけの話でなく、戦争を止めるためにどれだけ国民の事を考えていたか。此の事が前面に打ち出されている。

これまでも日本映画は天皇を描いてきたが、例えばこの映画と同名の『日本のいちばん長い日』

（監督：岡本喜八／一九六七年作品）もその一つ。六七年度版の映画では天皇はほとんどその姿をスクリーンに現わさない（こういう描き方が日本映画の伝統であった）。ところが今回の作品では天皇の姿がスクリーンの前面に登場するだけでなく、天皇の国民への気持がより多く語られる。これまで日本映画は戦争にかかわった沢山の映画が作られてきたが、例えば『プライド運命の瞬間』（監督：伊藤俊也／一九九八年）などは、東条英機を英雄化し、日本の侵略戦争を「自存自衛」「アジア諸民族解放」の戦いであり日本の侵略と加害を隠蔽して描くが、今回の『日本のいちばん長い日』は、そうした作品と対比すれば、日本の侵略戦争を学んでいく教材になるのではないか。

翻って、日本が『ポツダム宣言』を受けたのは、一九四五年七月二六日。日本が受諾したのは八月十四日。その間に広島、長崎に原爆投下があった。せめて受諾が十日早ければ広島、長崎の悲劇は起こらなかった。『ポツダム宣言』前後、世界の天皇の政治責任追及には厳しいものがあったが、当時のアメリカは東京裁判で天皇の政治責任を免罪した。そして、侵略戦争の深い解明をも極めて不充分なものとした。こうしたこと等が、今日の日本社会の「過去の克服」の遅れが原因となり、今日の「戦争法案の強行採決」に見られるような安倍内閣の暴走の中核的根源になっていると言えないか。

文化団体連絡会議（文団連）機関誌（2015年11月27日発行）

（2）『バンクーバーの朝日』

日系二世の野球チーム『朝日』の苦悩、葛藤、活躍ぶりを鮮やかに

19世紀末から第二次世界大戦前にかけて、「3年働けば日本で一生楽に生きていける」と、そんな言葉を信じて、異国カナダに渡った日本人たち。待ち受けていたのは、低賃金、苦役労働、人種差別。日系人の賃金は白人の半分。レストランも日系人と白人は別々。その中で日系二世の若者たちが、『朝日』という野球チームを結成します。

最初は劣勢だった。彼らは身体が小さく、大型の白人チームとの力の差は明らか。そのうえ白人の審判からは白人投手が投げる〝ボール〟を、〝ストライク〟と判定されても、彼らは抗議すらできない。

そこで彼らは日本人としての特性を生かす工夫をする。「バント」「盗塁」「ヒットエンドラン」など、戦い方を徹底して磨き、やがて、白人チームを倒し、チャンピオンにまで登り詰めていく。『朝日』は白人たちから尊敬を受ける存在となり、閉塞状況の異国の地で、日系人の〝希望〟となる。

差別と貧困、第二次世界大戦を背景として、歴史的にも社会的にも幅広い物語として

ところが、1941年12月8日、日本軍がハワイの真珠湾に侵攻。すべての日本人は「適性外国人」として財産を没収され、強制収容所に送られる。むろんのこと、『朝日』は解散させられる。

そして、日本人街は消滅、『朝日』チームの存在もまた歴史の闇の中に。この作品は日系二世の若い選手たちと、カナダへ移民し、逆境を乗り越えた日本人の先駆者たちの、埋もれていた物語を、映画『バンクーバーの朝日』として、見事に感動的に蘇らせている。歴史的にも社会的にも広い視野とスケールで描き切り、超大作といってよいだろう。

撮影は現地カナダではなく、栃木県足利市で行われた。戦前のバンクーバーを再現した巨大なオープンセットの見事な出来栄え。美術の仕事ぶりがうかがえる。

なお、その後『朝日』のチームはどうなったか。第二次世界大戦後、2002年5月15日、カナダのトロント市。地元のプルージェイズがシアトルのマリナーズを迎えての試合が行われた。その試合の始球式の時、イチローや佐々木、長谷川が見守る中、マウンドに登場したのは、かつての『朝日』チームの、今は老人になっている5人の選手たちだった。球場は観客のスタンディングオベーションで大喝采。そして、2003年には『朝日』チームはカナダ野球の殿堂入りを果たしている。

この映画のメガホンをとったのは、13年『舟を編む』で第37回日本アカデミー賞最高優秀賞を受賞した石井裕也監督。キャストには製材所で働き、ショートを守るキャプテンのレジー笠原に、妻夫木聡。漁業に従事する、エースピッチャーのロイ永西に亀梨和也。日本語学校の教師に宮崎あおい。カナダ人社会に溶け込もうとしないレジーの父親役に佐藤浩市。さらに鶴見辰吾、石田えりなど演技派の俳優陣が出演している。

『東京私学退職教通信　No.１０３』２０１５．１．９

（3）『アメリカン・スナイパー』
イラク戦争でのアメリカの悲劇を描く
―160人を射殺した射撃手の半生から―

この映画はまず新兵の訓練から始まる。人を殺すことが平気になるように。教官が新兵の上半身を裸にして走らせ、「お前たちのケツに一発かますぞ」「蛮人を殺せ」の言葉と大声で、くり返しくり返し唱和させる。やがて、イラクでイラク市民を殺せる野獣的なアメリカ兵に変身させられる。

祖国を守り、家族のために、米軍史上最多の160人を射殺、そして全米で英雄になった男とは

2003年にイラク戦争が始まり、それらの兵士の中に、常人離れして狙撃の精度は、1・9㎞向こうの標的を確実に射抜く。公式記録として米軍史上最多の160人を射殺したクリス・カイルという男がいる。この映画ではイラクに派兵される期間はおよそ一回で6週間、帰国してアメリカで過ごす時間は3週間、彼はイラクへ4回派兵された。反政府武装勢力からは「ラマディの悪魔」と怖れられ、味方からは「伝説の狙撃手」と英雄視され、彼の首に2万ドル懸賞金がかけられている。

イラクの破壊された瓦礫いっぱいの街をアメリカ兵と戦車が進む。クリスはそれらの兵士たちを守るために後方について、武器を持ち立ち向かってくるイラクの武装勢力を射殺していく。彼のイラクでの最初の射撃は、広い通りへ女性と子どもが登場する場面。その女性は衣服の下に何か武器を隠している。2人はアメリカ兵に近づいてきて、女性が手榴弾を投げる。クリスはまずその女性を撃つ。つづいて走ってくる子どもを撃つ。子どもの出血する死体が撮影される。

ところが、そのクリスがアメリカのイラクへの戦争に疑問を持つ時がやって来る

クリスの1回目の帰国の時。アメリカの病院で血圧を計ると、170~110。医者から忠告を受ける。それからクリスの2回目の派兵の時、イラクの空港で、弟と再会する。弟は顔色が悪く「家に帰りたい」と兄に告げる。

クリスの2回目の帰国の時は、妻から「私ひとりで、生活と人生を夫婦として分かち合えない。私の夫は戦争に奪われている」と嘆かれる。任地の戦場に派兵されている夫。本国で夫を待つ妻。家族の光と影が生々しい。

3回目の派兵の時はイラクにも射撃手がいて、この男はイラクを代表してオリンピックの選手にもなっている。この射撃手にクリスが共に戦ってきた戦友が撃たれ、アメリカに送られて病院で死亡する。

クリスがイラクの少年に対して、射殺する戦闘意思を失う名場面が…

クリスの4回目の派兵の時である。次のような、人間の心を強く打つ名場面がある。街角に武器を持ったイラクの男が登場。もちろん、クリスはその男を射殺する。すると近くにいた少年が射殺されたイラク人の所にやってきて、その男が持っていた武器を肩に持ち上げ、持ち去ろうとする。

その時である。クリスは少年に向かって「持ち上げるな」「捨てろ」何度か独り言を呼びかける。(武器を持っていくなら、撃たなければならない)。少年は最終的に武器を持たずに、立ち去る。大変緊張していたクリス。その緊張がほぐれて人間らしい顔を蘇生させる。大変印象に残る名場面である。

クリスが4回目に派兵されたその時は、イラクは砂嵐の時期。全く視界は見えず、イラクの側の一方的勝利。アメリカ兵は砂嵐の中を無惨な様子で一路退却。敗走する。

アメリカに帰ったクリスはどうなるか　これこそ、〝アメリカの悲劇〟だ

砂嵐のあと、クリスは軍隊をやめ、本国に帰る。彼は退役軍人などを助ける仕事をする。彼もまたイラク戦争の影響で精神的に不安定になっている。

２０１３年2月2日、想像も出来なかった悲劇が起きる。彼は射撃練習所で殺害される。容疑者は、彼がかつて手を差しのべた元アメリカ兵士である。彼が元アメリカ兵によって殺された、この事実を何と表現すればいいのか。これこそ〝アメリカの深刻な悲劇〟である。この映画は実話にもとづいて作られた。

この若き英雄の死をアメリカ政府はきわめて盛大に英雄的に追悼する。彼の遺体を乗せた車の前後をたくさんの護衛車が配備され、走る車の両サイドは、アメリカ国旗をふり、追悼するアメリカ市民でいっぱい。

映像は盛大だが、監督のクリント・イーストウッドの全体としての演出はきわめて冷静。最後のエンドクレジットは、音楽もいっさい流れず、無言。これはイーストウッド監督の演出によるもの。この無言の時間が〝アメリカのイラク進攻は何だったのか〟〝アメリカの悲劇〟をはじめいろんなことを深く考えさせる。この作品の監督はこれまで『父親たちの星条旗』『硫黄島からの手紙』など優れた戦争映画を制作してきた。最新作『アメリカン・スナイパー』も、また、大作。反戦の思想で一貫している。

『東京私学退職教通信　No.104』２０１５.３.11

（4）『杉原千畝 SUGIHARA CHIUNE』日独伊三国同盟（一九四〇年）の時代、ヴィザを発行、六千人のユダヤ人を救った男の物語

まずは、あまり語られていない、杉原千畝の「諜報外交官」の姿を描く

はじめに、杉原千畝（唐沢寿明1900～1986年）という人物について。第二次世界大戦中、日本の外交官として、リトアニアに赴任。ナチスの迫害から逃れてきたユダヤ難民に対して、当時の日本政府の指示に背いて、日本通過のヴィザを発行、六千人の生命を救ったと言われている外交官である。「日本のシンドラー」とも呼ばれている。

この作品の重要な特徴は（杉原千畝はユダヤ難民を救ったヒューマニストとして有名だが）、あまり知られていない杉原の「諜報外交官」であったことを押し出して描き出している。1934年、彼は満洲にいて堪能なロシア語を駆使し、ソ連邦の情報を集める。モスクワ大使館への赴任を希望するが、ソ連邦から「歓迎されざる」人物として入国を拒否され、リトアニアの日本領事館への勤務を命じられる。

リトアニアでの諜報活動を開始。ヨーロッパの新たな情報を探り、独ソ不可侵条約の締結、ドイツがポーランドに侵攻、第二次世界大戦の開始（1939年9月）等の情報を集約、分析

し日本へ発信する。

世界を変えたい、正義を貫きたい　日本政府の命令に背いてでも

第二次世界大戦が勃発すると、ナチスに迫害されて国を追われた大量のユダヤ難民がリトアニアの日本領事館にヴィザを求めてやってくる。領事館の門前に男女、子ども、老人のユダヤ難民が日増しに増えていく。杉原は日本政府にヴィザ発行の是非を問い合わせるが返答がない。彼は配偶者（小雪）とも相談し、「世界を変える！」と決意を固め、日本政府からの了承がとれないまま、難民たちに日本の通過ヴィザの発行を決断する。

それはある朝のことだ。領事館員が「ただいまから、門を開きます。パスポートを用意して下さい」と告げ、ユダヤ難民を整列させ領事館に入れ、杉原がサインし印を押していく。生命がよみがえったように歓ぶユダヤ難民。領事館が閉鎖される寸前まで、駅で列車が発車するまでヴィザの発行は続けられた。

この作品は戦後70年特別企画として、作られ第二次世界大戦終了まで描かれる

日本の場合でいえば、真珠湾攻撃、サイパン島での戦争、３・10東京大空襲、沖縄戦と特攻隊などがスクリーンに登場する。ヨーロッパの場合でいえば、ドイツ軍によって、ユダヤ難民

が男性と女性に分けられて列車に乗らされて強制収容所に向かうところなど描かれる。

杉原が救ったといわれる「杉原リスト」に記されたヴィザの数は、2139枚。杉原が「生命のビザ」によって救ったユダヤ人の数は少なくとも6000人にのぼるといわれている。

この作品は危険な諜報戦に身を投じた杉原の信念、日本政府の許可を待たず自分の判断でヴィザを発行し続けた彼の勇気、そして彼を支えた家族愛や友だちの友情を描き出している。


『東京私学退職教通信　No.108』　2015．11．4

【二〇一六年度作品】

（1）映画『湾生回家《わんせいかいか》』（台湾ドキュメンタリー）は日本と台湾の原点の歴史を教えてくれる。日本人に深くかかわる文言、台湾語の『湾生《わんせい》』という言葉をご存じでしょうか

太平洋戦争の敗戦によって、中国の東北地方（旧満州）や朝鮮半島、台湾などから植民地にいた日本人は、内地（本土）に引き上げてきた。その数は、軍人、軍属、民間人など、およそ660万人と推定されている。そのうち、中国大陸からの引揚者は、中国残留孤児のこともあって、一般的によく知られているが、他方台湾からの引揚者のことについては、あまり知られていない。なぜだろうか。

一つの理由として台湾は、日本による植民地の歴史がいちばん長かった理由による。下関条約によって、1895年から1945年まで50年間。台湾は日本によって統治されてきた。当時、日本から公務員や企業の駐在員、農業労働者らが移民をして台湾へ。日本の敗戦によって軍人・軍属をふくめ50万人が日本へ強制送還された。

ところが、50万人のうち20万人は台湾生まれの、台湾育ち。その人たちの故郷といえば、紛れもなく唯一台湾だけ。

彼らは唯一の「故郷」から引き裂かれ、未知の国、異国日本に引き戻された。この映画は『湾生《わんせい》』たちの望郷の念をすくい上げ、製作されたドキュメンタリー映画です。『湾生』という言葉は、そういう人たちのことをさしている。私は11月12日（土）岩波ホールで公開される、台湾ドキュメンタリー映画『湾生回家《わんせいかいか》』という映画を試写会で見るまで『湾生』という言葉とその意味を全く知りませんでした。恥ずかしい限りです。

この映画は『湾生』という人たちの戦争時代に翻弄された時代、運命、その人たちの過去と現在をドキュメンタリーとして描く

今日、自分たちの存在が歴史の闇に埋もれ、忘れ去ろうとしている時。失望、涙と悔恨、差別。台湾人と過ごした場所を心に留めおくため、何回も台湾を訪れます。

現在は群馬県高崎市に住む清水一也さんは、台湾の記憶を忘れないため、自分自身のルーツを求めて定期的に台湾を訪れる。現在福井県敦賀市に住む家倉多恵子さんは定期的に台湾の埔里でロングステイをして過ごしている。現在奈良に住む松本治盛さんは、自らの土に還る所は、故郷の台湾だと心に決めている。

この映画は2015年、台湾で11週以上映され異例のロングランヒットとなり、16万人以上の観客動員を記録。日本では大阪アジアン映画祭で2016年に上映され、観客賞を受賞している。

私たちはこの映画によって知らない事件や歴史を学ぶことができる。映画の力は大きい。率直に言って勉強になる。

『東京私学退職教通信　№.114』2016.11.2

（2）『校庭に東風吹いて』

"子ども第一"を貫く教育映画　今日の社会問題に向き合って

今日、日本の教育は管理主義と競争主義の教育で充満している。この映画のヒロインが転校してきた、奈良県に近い京都南部の山の中の小学校もまたそうである。

新任の三木知世先生（沢口靖子）の、自由で一人ひとりの子どもたちを大切にする教育のやり方も、校長に呼び出されて圧力を加えられる。ところが、三木先生は、それにもめげず自由闊達に常に笑顔を絶やさず"子どもたちの成長を第一に"を貫いて教育活動を営んでいく。

ここが、この映画の最大の魅力であり、見どころである。そして、最初の三木先生の出勤日に自転車に乗って、登校する子どもたち一人ひとりに声をかける、この三木先生の姿は『二十四の瞳』（木下恵介監督）の大石先生（高峰秀子）を思い出させる。

クラス仲間が暴力をふるい喧嘩をしていると、三木先生は「暴力でなく言葉を使いなさい。しかし、言葉も人を傷つける言葉もあれば、人を激励する言葉もあります」と生徒たちに訴えかける。

さらに、教室にインコ（小鳥）が紛れ込んでくると、校長からは「教室で飼ってはいけません」と言われながら、三木先生のクラスは全員でインコを大切に世話する。

子どもの貧困、生活保護の社会的問題にも踏み込んで教育にあたる

三木先生の受け持つクラスには、二人の「問題児」といわれる生徒がいる。一人は、両親が離婚し母親一人で育てられ、その母親はアルバイトで金を稼ぎ、体も弱く仕事を休む。その息子の純平は、風呂にも入れず教室では〝臭い〟とののしられてクラスメイトと喧嘩になる。もう一人は「場面緘黙症（ばめんかんもくしょう）」といって、家庭などでは話ができるが、社会不安のために学校などの特定の場所では全く話すことができなくなる症状を持つ、ミチルという女子生徒。

三木先生は家庭訪問をし、家庭の状況を具体的につかみ対応する。

純平については、母親と話し合って、先生が市役所に出かけ生活保護を受けられるようにする。母親は結婚後、純平が生まれても、田舎の両親に一度も連絡をしていないという話を聞き、母親と純平に「一度田舎に帰って会ってらっしゃい」と助言する。ミチルの母親とは「家庭ノー

ト」をつくり、母親と先生との間の風通しを良くしようとする。

こうした三木先生の努力を先生の家庭が支える。クラスメイトも純平とミチルを支える。その過程で、二人の「問題児」はどうなっていくか。ラストが圧巻である。

是非、この映画を見てほしい。情緒的でなく、リアリズムで描いている点も大変良い。

主演の沢口靖子さんについては、九年ぶりの映画主演。TVドラマ『科捜研の女』シリーズで活躍中。映画『校庭に東風吹いて』は、沢口さんのまじめな人柄と熱演によってこの映画が名作となったと言ってよいであろう。

監督と企画・製作は『アンダンテ稲の旋律』の金田敬監督と桂壮三郎さんである。原作は、映画と同名で2013年に『しんぶん赤旗』に連載された柴垣文子さんの小説。


『日本映画復興会議通信　No.125』二〇一六・九・五

【二〇一七年度作品】

（1）『ヒトラーの忘れもの』（デンマーク／ドイツ）

それはデンマークに、ナチが埋めた地雷、それを撤去したのは、
異国に置き去られたドイツの少年兵たちだった

1945年5月、ナチス・ドイツによる5年間の占領から解放されたデンマーク。ナチスは5年間の占領時代、連合軍の上陸を防ぐために、デンマークのユトランド半島の海岸線に200万個の地雷を埋めた。戦争が終わって地雷の一つひとつを手作業によって除去しなければならない。この危険な強制労働を命令されたのは、なんとデンマークに置き去りにされた15歳から18歳のドイツの少年兵たちだった。強制労働は1945年5月5日に始まり、1945年10月14日に終了した。この労働におよそ2600人が動員されたた

と算定されている。

この映画はドイツ少年兵捕虜の11名とそれを監督する一人のデンマーク軍曹を描く　両者の間に希望が生まれるか

舞台となるのは、美しい海と真っ白な浜辺が果てしなくつづく海岸線。登場する主役は11名の少年兵と強制労働をさせる一人のデンマーク軍曹、カール・ラスムスン。戦争が終わり「ドイツに帰りたい一心」の少年兵たち。お粗末の小屋で寝起きし、浜辺に這いつくばり、棒で砂をつついて地雷を発見し、信管を抜き取る仕事は死と背中合わせ。少年たちの現実の労働を鮮烈に描く。半分の少年兵が生命を落した。

軍曹のラスムスンの心の中は、ドイツ兵を憎んでおり、憎しみをもった暴力と罵声をあびせかける。だが、揺れ動く。この映画は、ドイツに帰るために必死に仕事をするドイツ少年兵に対して、良心の呵責に悩まされ、葛藤する軍曹の内心を描こうとする。この様相が観る者の心を揺さぶってやまない。

戦後70年たって、「幸福度」が世界でも高いといわれるデンマークで、かっての戦争の事実を掘り起しナチス・ドイツの戦争犯罪を訴えつづけている。この映画はデンマークとドイツの共同作品である。

脚本・監督はマーチン・サントフリード。

『東京私学退職教通信　No.115』2017.11.3

（2）『まなぶ　通信制中学60年の空白を越えて』（ドキュメンタリー）

東京千代田区には夕方になると、高齢者が通ってくる学校がある。

その学校は、法的な規定のない夜間中学と違って、学校教育法105条にもとづいている学校である。その学校は東京都千代田区神田にあり、一橋中学通信教育課程という。

通信制中学（中学校通信教育課程）とはどんな学校か。1947年（昭和22年）に新制義務教育制度の開始にともない、戦中戦後の混乱期に、中学校3年間の義務教育が未終了となった人たちのために、1948年（昭和23年）に全国の中学や高校に設置された。

当初、日本全国に80校を越えていたが、現存するのは、この映画の舞台となった東京都千代田区一橋中学校と大阪府天王寺市天王寺中学校の二つだけである。全教科履修ができ、その中でも卒業証書を出しているのは、神田一橋中学校ただ一つになった。

大都会の片隅に戦後の混乱期、義務教育を受けられなかった高齢者たちが青春を取りもどしたいためにこの学校にやってくる。人生の終わりを迎えて、なお、人はなぜ学ぶのでしょうか。そのことを探して太田道子さんが2009年から2014年までの5年間に、『まなぶ』という映画にしました。

この学校にたどりついた生徒は、背景は一人ひとり異なる。映画は6人の生徒たちをカメラにしている。戦争で大黒柱の父をなくし、働かざるをえなかった人。戦争下の空襲で焼け出され、満足な教育が受けられなかった人。戦争は子どもたちから〝学ぶ権利〟という大切な宝を奪ってしまった。それから、次の時代、高度経済成長期に、日本社会の大都会の片隅にも、貧困のため中学校に通えない少なくない子どもたちがいた。自ら選択できなかった人生の終盤にようやくたどりついた一橋中学校。生徒たちは、先生がいて、クラスメイトがいて、〝学び〟の中で、青春時代に帰る。

『東京私学退職教通信　No.116』 2017.3.8

（3）『追憶』
日本映画界の伝説（監督降旗康男／撮影木村大作）と豪華俳優陣がかなでるヒューマンサスペンスドラマ

この映画の出だしの場面は次の如くである。荒ぶる日本海、空は黒い雲におおわれ、風景は薄暗い北陸の地、立山連峰をのぞむ街並みの間垣の集落。二階建ての古びたラーメン屋。二階ではヤクザまがいの入れ墨の男が、店主の涼子（安藤サクラ）を、強いて性行為中。

一階の部屋では、常連客の光男（吉岡秀隆）につきそわれて、三人の少年が男を待ちかまえている。少年の名前は篤、啓太、悟。三人は涼子を男から救おうと、包丁を持って待ちかまえている。

男は二階から乱暴な足取りで一階へ下りてくる。三人の少年のうちの一人が、男の心臓をめざして包丁を突き刺す。殺人事件が起きる。涼子も二階から降りてきて、男の心臓から包丁を抜き取り、決定的な次の言葉で、三人の少年たちと約束をする。

「今日あったことは何も知らない。忘れる。今から赤の他人になる。」

それから25年の時を経て、親友だった三人は、消せない過去の出来事を、それぞれが受け止め抱えながら苦しんで生きている。四方篤（岡田准一）は悲しい「追憶」から自らを救おうと、富山の刑事に。田所啓太（小栗旬）は能登の輪島で地元でも大きな土木事業の社長をやっている。川端悟（柄本佑）は東京で倒産寸前の会社と家族のために金策に奔走している。

25年ぶりの今、富山で再会を果たす幼なじみ、それぞれが家庭をもち「追憶」後歩んできた人生が、再び回転しはじめる

事の始まりは、倒産寸前の東京の悟が輪島の啓太の所に金を借りに行くことから始まる。悟は啓太からそれ以前にも何度か金を借りている。富山に着いた悟は富山で刑事をしている篤に町で会う。二人は夜お互いに懐かしくいっぱい酒を飲む。

篤が翌朝目を覚ますと、昨日金を借りに行ったはずの悟が殺人に会ったことが判明。篤の所属する富山の警察署は殺人事件捜査本部が出来、篤も捜査の一員に。

一言で言うなら、篤は犯人捜しの刑事、啓太は悟殺しの容疑者に。殺された悟は被害者に。

調査の中で啓太が悟に輪島の喫茶店で、北陸銀行の封筒にお金を入れ、わたしたことも分かってくる。

三人の現状を誰より先につかみ取るのは、警察の中でも刑事の篤。篤は東京の悟の家で悟が啓太から以前に金を貸してもらった証拠品・北陸銀行の封筒を見つける。篤はそっと自分のスーツの裏ポケットに隠す。篤は我先にそれらの事実を警察に報告しなければならない立場なのに隠蔽する。降旗監督は、人生の痛みを抱えながら生きている人間たちの姿をこのように描く。まさに、ヒューマンサスペンスドラマである。

涼子はどうなっているか。今は交通事故にあい廃人寸前になって、施設に入れられ、光男の世話になっている。ここで途中をはぶき、殺人事件の結論だけをのべておこう。悟を殺したのは、啓太ではなく、悟の妻と彼女と内通していた事務所の若い従業員である。保険目的として、だ。

降旗監督、木村撮影監督と組む豪華俳優陣（岡田准一、小栗旬、柄本佑さんら）

数々の日本映画の名作を世に送り出してきた、監督・降旗康男と撮影・木村大作黄金コンビ。これまで16を製作。巨匠二人が9年ぶりにタックをくんで挑んだのが映画『追憶』。高倉健をはじめ、長年時代を代表する映画スターととり続けてきた二人。

中でも代表作と言われるのが、1981年の『駅STATOIN』、『あ・うん』(89年)、『鉄道員(ぽっぽや)』(99年)、『ホタル』(01年)など。今度は、重厚な演技力で国民的人気を誇る岡田准一、共演には小栗旬、柄本佑、長澤まさみ、安藤サクラ、吉岡秀隆ら。撮影の木村太作が撮る白い深い雪にうずもれた立山連峰の山々は何と美しいことか。

『東京私学退職教通信　No.117』2017.5.10

（4）『残像』（ポーランド・アンジェイ・ワイダ監督作品）
――抑圧に抵抗し、表現の自由、
人間の尊厳を守り抜いた実在の芸術家の物語――

レーニンとスターリン

レーニンは「芸術文学の領域における党の政策」（1925年7月1日ロシア共産党中央委員会）を決め、党は「文化・芸術の領域におけるあらゆる異なった団体や潮流の自由競争を宣言せざるを得ない」「思想的内容にいても」「ある一つの集団の独占をゆすることはできない。」それゆえ、行政が特定の措置をとることなどはレーニンは行わなかった。したがってレーニンの時代、多種多様な文化・芸術が豊かに大きく花開いた。

ところが、スターリンがレーニンの病気で書記長に就任。1934年9月の第1回全ソ作家大会で、スターリンが自ら「社会主義リアリズム」の

創作方法を成文化した。

「社会主義リアリズムは、ソビエト芸術文学並びに文学批評の基本的方針」であり「現実をその革命的発展において、正しく具体的に描き出すことを芸術家に求める」「勤労者たちを社会主義の精神において、思想的に改造し、教育する課題と、統合されなければならない」(『ソヴィエト文学運動史』鹿島保夫、江川卓編／青木文庫)。〈以上参考文献『映画一〇〇年—映画が時代を語るとき』山田和夫著〉

第2次世界大戦後のポーランド

第2次世界大戦が終わって、ソ連の衛星国となったポーランドでは、1948年12月、ポーランド政府は文化芸術分野の基本方針として前述した「社会主義リアリズム」を決定した。この映画はその「社会主義リアリズム」と信念をかけて闘い続けた画家ストゥシェミンスキ(1893〜1952)の苦闘を描いている。

この映画のワイダ監督とストゥシェミンスキの精神と闘いと、体制の側の考えをもっとも明らかに描いているのが、出だしから続く数分間ではなかろうか。穏やかな小高い草原の坂を、美術の教授と男女の学生たちが自由な雰囲気で転がり落ちてくる。教授は第1次世界大戦に参加し、片足を失っている。以上が野外での教授と学生たちの授業。これをまとめて「人は認識したものしか見ていない」。これが教授と学生たちの真理を見つける唯一の精神である。

ところが、次の場面。暗転してスターリンの肖像が描かれた巨大な垂れ幕がスクリーンいっぱいを覆う。「社会主義リアリズム」を押し付ける恐怖を感じさせるシーンだ。

「社会主義リアリズム」という作風のみを画家に押し付け、他の一切を許さない政権。これに対して、ストゥシェミンスキは、自ら前衛芸術を実践し、多種多様な豊かな芸術を求めて闘い続け、大学教授の職を奪われ、芸術家協会からも除名され、食料や絵の具を買うことができない。それでも「社会主義リアリズム」の政策と闘い続け、一生を貫いた。

アンジェイ・ワイダ監督は、ポーランドの現代史を背景に、戦争や全体主義に反対し、抵抗し続けた人々をたくさん作品として製作してきた。『地下水道』『灰とダイヤモンド』『鉄の男』『カティンの森』など、世界的名作を作ってきた。『残像』は90歳で亡くなった彼の遺作である。勇気を持ち、知的で重厚な作品に仕上がっている。


『日本映画復興会議通信　No.134』二〇一七．七．二十二

（5）『種まく人びと』ドキュメンタリー映画
治安維持法犠牲者国家賠償要求同盟　創立50周年記念作品
——迫力があり、時にはみずみずしく、治安維持法下の弾圧と抵抗を描く——

治安維持法犠牲者国家賠償要求同盟（国賠同盟）は、来年三月十五日、創立五十周年を迎える。その記念映画作品として『種まく人びと』を製作した。

この映画のいくつかの特徴をあげてみると——。

ひとつは、山田朗教授（明治大学歴史学）が、明治維新後の戦前・戦後の歴史の推移を背景として解説。そのことで、この作品の具体的事実と本質がわかりやすくなっている。

日本帝国主義は海外への膨張政策を進め、日清・日露の戦争に勝利し、その体験

平均年齢98歳、国会請願する弾圧犠牲者たち＝2016年5月（『種まく人びと』から）

が日本国民に浸透。そのうえで、絶対主義的天皇制を軸に近代化を進め、その結果、治安維持法などによって日本国民は自由と民主主義がなかったこと。しかし、その激烈な弾圧政治の中にあっても、種がまかれ、その力によって戦後日本国民は、国民主権を勝ち取ったこと。

二つ目の特徴は、治安維持法による具体的弾圧を迫真のドキュメンタリーとして描いていること。

その事例の一つは、北海道旭川の教員弾圧事件。生活綴り方や図画教育。ありのままに日常生活を子どもたちに表現させることによって、生活の苦しみの本質をつかませ、より良い生き方を子どもたちに考えさせる。教師や学生たちがたくさん逮捕され、拷問にあい、獄死した。この教育の実践は、戦後の民主的教育の水脈ともなった。

この事件で弾圧した特高の息子を取材し「父親は不幸だったのでは」と語らせている。

二つ目の特徴の事例は、杉浦正男（出版クラブ事件）たちの活動。戦前１５００人の出版・印刷関係の労働者を組織し、職場を中心の運動を進め、ピクニックなどのクラブ活動に力を注いだ。杉浦も治安維持法の弾圧を受けるが、戦前の活動の種が生かされ、戦後も先進的な労働運動の先駆者となる。

この映画では、戦前、治安維持法の犠牲になった父親と母親の体験を新しく掘り起こし、レポートとしている。その体験とは、ある女性臨床心理学者のご両親の事。とりわけ母親が戦後になってＰＴＳＤ（心的外傷後ストレス障害）を発症し、人前で「みなさん、逃げなさい」と大声を出すなどの行動をとったと最近明らかにしている。その女性は、国会前で『女の平和』の代表として、マイクを握り語っている映像がこの映画で映し出されている。

最後に、吉田教授の発言が印象に残る。吉田教授は「どんな時代であっても、自由と民主主義が弾圧されても、いつの日にか自由と民主主義は生まれる。犠牲者は生きてよみがえる。歴史を学ぶということはそういうことである」と述べている。

今日治安維持法の焼き直しの『共謀罪』法案を、安倍内閣は強引に通そうとしている。そういうときだけに、この作品『種まく人びと』を見てほしい。ＤＶＤとして発売されている。


『日本映画復興会議通信　№１３３』二〇一七．六．九

（6）『家族はつらいよ2』（山田洋次監督）
日本の今日の悲劇、〝高齢者運転免許問題〟〝無縁社会問題〟がテーマ、鋭く告発し、興味深く面白い

父親から運転免許を取り上げろ

山田洋次監督の『家族はつらいよ』シリーズ。第1作目は〝熟年離婚〟をテーマとして大変好評を博した。第2作目は高齢者の運転免許の問題と〝孤独死・無縁社会の問題〟を取り上げている。

この家族として、両親夫婦・平田周造と富子（橋爪功と吉行和子）、長男夫婦・平田幸之助と史枝（西村雅彦と夏川結衣）、長女夫婦・金井成子と泰蔵（中嶋朋子と林家正蔵）、そして次男夫婦・平田庄太と間宮憲子（妻夫木聡と蒼井優）が登場する。

前作の両親の〝離婚騒動〟から数年。父親の周造は毎日のようにマイカーで出かけ、それをささやか

な楽しみにしているが、そのマイカーには小さな事故でついた窪《くぼ》み傷が増え始めている。家族は「人身事故でも起こしたら大変だ」と心配し、運転免許を返上させようと画策する。

誰が周造にそのことを話すか。嫌な役割を「誰々さんがいい」と言いながら、長男夫婦から次男夫婦まで代わるがわる遠回しに言う。そんな家族の魂胆を見ぬいた周造は「いつから俺の家族は言いたいことを素直に言えなくなってしまったのか」「家族崩壊だ」「俺は死ぬまで車の運転を続けるぞ」と激怒する。平田家は不穏な雰囲気に包まれる。

周造の親友が〝無縁社会〟の中で孤独死、一体この国はどうなっているのか

長男の幸之助が、周造から運転免許を返上させたいと家族会議を招集する数日前の出来事。周造はなじみの居酒屋の女将・かよ（風吹ジュン）とドライブに出かけ、その途中で、故郷の広島の高校時代の同級生・丸田（小林稔侍）と40年ぶりに再会する。かつては大きな呉服屋の跡取り息子で女子学生にモテていた丸田が、今日73歳にもなって、夏の炎天下で道路工事に汗を拭きながら厳しい仕事をしている。

気の毒に思った周造は、同窓生に呼びかけ、同窓会を開いてやる。同窓会は日常の苦労を忘れて、丸田をはじめ大変盛り上がる。夜も遅くなって、周造は丸田を自宅に呼び泊めてやる。

運転免許の返上のための家族会議の朝。集まってきた次男の庄太が二階から、青ざめて降り

てきて一言。「老人が死んでいる」とつぶやく。

死んでいたのは丸田。裕福な家庭に育ち、高校時代一番の美人と結婚。そして離婚。優しい丸田は友人の連帯保証人になり借金を肩代わりし、一生懸命働きバブルを乗り越え、そして生活が苦しくなり、全国を転々。そして働き口を探して東京へ。心臓病を患いながら働き続けて「死」ぬ。

この現実を目の当たりにして、周造は「何の悪いこともしていない丸田がこんな状態で死ぬとは」「一体この国はどうなっているのか!!」――日本の無縁社会の悲しい現実に激怒する。日本の現実の悲劇を喜劇映画として描く。さすがの山田監督の真骨頂の作品といえよう。

『日本映画復興会議通信　No.１３２』二〇一七．四．十九

（7）『米軍が最も恐れた男　その名はカメジロー』（ドキュメンタリー）

〝米軍新基地建設〟など、沖縄県民は要求をことごとく日米政府に拒否されても、闘いを量質ともに高めて声を上げ続ける。その源流を迫力を持って生き生きと豊かに描く

この作品は、TBSテレビが昨年八月二十一日「報道の魂」＝カメジローのドキュメンタリー番組として報道。大きな反響を呼び、このたび本格的な映画作品として製作したもの。監督は、TBSプロデューサーの佐古忠彦。音楽は坂本龍一。語りは大杉漣、山根基世。

瀬長亀次郎は、一九〇七年、沖縄県島尻郡豊見城村（現・豊見城市）に生まれた。旧制第七高等学校（現・鹿児島大学）に進んだが、社会主義運動に参加したという理由で放校処分。一九三二年、治安維持法違反で懲役3年の刑を受ける。沖縄は太平洋戦争で唯一の地上戦を戦い、続いて米軍による収容所での強制隔離、土地の強制収用、そして米軍基地化。一九四五年から五二年のサンフランシスコ講和条約を経ても、沖縄は日本本土から分離される。

カメジローは、四七年の沖縄人民党結成に参加する。

演説会を開けば毎回何万人と集め、沖縄県民の心を代弁するリーダーに

第二次大戦後、米軍の統治下の沖縄で弾圧を恐れず不屈の精神で戦い続ける男がいた。演説会では毎回何万人もの県民が集まり、何回もカメジローの演説を聞きたくて、多くの人が演説会の〝追っかけ〟をやったと県民は語る。県民を熱狂させた理由は、本土復帰などの当時の沖縄県民のアメリカ軍への〝怒り〟と〝心〟を代弁する政治家だったからだという。

立法院議員の時代、宣誓拒否、刑務所では囚人たちに団体交渉を教え、市長時代、米軍の補助金打ち切りで市民の納税への長蛇の列

カメジローの沖縄時代のきわめて印象的なエピソード（事件）を紹介する——。

ひとつは一九五二年第1回の立法院議員選挙で最高位で当選。それに基づいて開かれたアメリカの統治する式典で、カメジローは宣誓を拒否。全議員の宣誓文への署名と押印があるが、カメジローはただひとり押さない。カメジローを除く議員が起立する中で、カメジロー一人がいすに座って動かない。当時のこの写真は、米軍に屈さない〝不屈〟のきわめて強い精神として、それを見るものに誇りある勇気を与える。

二つ目は、一九五四年、人民党員をかくまったという理由で逮捕される。弁護人抜きの裁判で懲役2年の判決を受ける。そして刑務所へ。そこで刑務所の待遇改善を求める囚人たちの暴

動が起こる。カメジローは彼らに要求を整理させ、代表者を決めさせ、団体交渉のやり方を教え、囚人たちの要求の7割を勝ち取る。さらに、一九五六年四月に出獄したカメジローは、十二月那覇市長選挙に出馬し、米軍からの妨害にもかかわらず当選する。

それに対して米軍は何をやったか。米軍の那覇市への補助金を打ち切り、銀行預金を凍結。水道を止めるなどの妨害。「米軍が瀬長市長に圧力を加えるなら、私たちが市長を助ける」と市役所に市民が納税する長蛇の列ができ、その納税率はなんと97%になったという。

これに対して、米軍は通称『瀬長布令』といわれる布令を出し、カメジローは追放され、被選挙権も奪われる。その後、一九七〇年には衆議院議員に当選。沖縄返還当時の佐藤栄作首相を追及する。連続七期当選を果たした。

カメジローとこの映画の魅力と真骨頂は何か。沖縄と県民の苦しみの根本をしっかりとつかみ、恐れることなく妥協することなく不屈に戦い、大きく太く大胆に展望を指し示す。

カメジローがなぜ県民の大きな支持を得たか、アメリカ軍が自ら分析し文章に残している。「大きな個性を持って、闘いにおいては、歴史の流れに応え、その〝鉄則〟を貫き結束して闘うこと。演説では県民によく伝わるもので、人間的に勝利した」と。

まさしくカメジローは沖縄の苦しみを背負い、不屈に、妥協することなく恐れることなく、展望を大きく太く示した。米軍にとってさぞかしいやな存在だったことだろう。

この作品はそれらを生き生きと迫力を持ってリアルに豊かに再現している。超大作といっていいだろう。

最後の項で、この映画は今日の闘い、オスプレイ沖縄配備反対集会などで集まった人々が「不屈に闘おう」と書いたプラカードを掲げている様子を写し撮っている。

『日本映画復興会議通信　No.１３６』二〇一七．九．二十

第五章
私の人生とたたかい／実践女子学園民主化闘争、民主的映画運動、映画批評・映画評論

（1）映画評論家・羽渕三良の自己紹介

地域にあっては地道な映画評論活動、全国的には、日本映画復興会議の中心的運動家であり、そして庶民の立場からの映画評論の仕事を続けている。

二〇一五年（二月十日）　羽渕三良（映画評論家）

私は一九三六年兵庫県養父市八鹿町に生まれた。生家は魚卸し問屋だった。地元の小中学校を卒業後、兵庫県立八鹿高校に学んだ。八鹿高校は教職員や生徒たちが『部落解放同盟』の前代未聞の暴力と闘った『八鹿高校事件』（一九七四年）のあの学校である。私が八鹿高校に学んでいた頃は、いわゆる『八鹿高校ルネッサンス』と言われる時代で、戦後の民主的学校を作り上げる途上の時期であった。

私は高校を卒業して「演劇や映画」を学ぶため上京し、早稲田大学第一文学部演劇科に進学した。早稲田大学の演劇科は大変活発な学科で、私の卒論の担当は飯島正教授（映画評論家）であった。その他高名な河竹黙阿弥の長女の養嗣の河竹繁俊教授や、坪内逍遥の家系のシェークスピア研究で有名な坪内士行教授が教授陣におられた。

当時私は墨田区の向島に下宿し、日本の映画館入場者がもっとも多かった時期（一九五八年）に観客がいっぱいの浅草六区の映画館によく通って映画を見た。そして大学二年生の頃から『キネマ旬報』や『映画評論』などに映画批評をよく投稿した。私が最初に映画批評を書いたのは、映画の『「嘘」と「真」の岐れ目』『キネマ旬報』一九五六年五月下旬号であった。時々原稿料も入り、その時には友達と浅草の天麩羅屋『葵丸進』に行き天丼を食べた。当時その店は木造の二階建てで天井一箇確か二百円であった。

荒川区 2007・10・6　正面　講演する羽渕三良

私は、映画をはじめ芸術の評論・研究を一生の仕事と考えていた。同学部を卒業し実践女子大学美術史科助手の職を得た。私の恩師であった早稲田大学のS教授が、当時実践女子大の教授を兼任しており、私はその教授の力添えで同教授のもとで助手となった。やがて実践女子大学付属の高等学校に移り、六〇年安保闘争にも参加し、労働条件や教育条件の向上と学園民主化のため、組合の結成に参加した。その時、直面する組合活動を優先し、映画の仕事は後まわしにした。

私学の『六二年闘争』と言われ、中軸的闘争の舞台となった実践女子学園（中学から大学院まである総合女子学園／創立年・一八九九年（明治32年）創立者・下田歌子／愛国婦人会会長）の闘争は良妻賢母の学校で教職員、生徒、父母、卒業生も立ち上がる大闘争となり、当時私たちの闘いを支援していただいていた東大教授（教育学）の宗像誠也氏は、生徒たちの「教育を受ける権利の自覚」を中心とする教育闘争と評した。

そして、実践女子学園の教師生活の一三年目。まさに〝青天のへきれき〟ともいえる新たなる闘いの舞台で仕事をすることが俄かに要請されてきた。それは日本共産党から「専従職員になるように」との要請である。私の配偶者の所へ、父母が「先生を学校からやめさせないでくれ」という声が寄せられてきた。熟慮の結果、私は時代と党の要請に応えることにした。この時も、喫緊の日本共産党の専従の仕事を優先し、さらに映画の仕事は先にのばした。

日本共産党を定年退職になる一九九九年迄の三十年間、渋谷地区委員長や東京都委員会の仕事――『東京民報』の編集長、三宅島の米軍基地反対闘争、法曹分野の仕事など、多種多様な仕事をするといった活動であった。とりわけ三宅島米軍基地反対闘争は、現地に住み島民と共に闘い、結論として三宅島の火山噴火と全島避難という条件とも重なって、三宅島の軍事基地化を阻止したことは歴史的な大勝利であった。

教職員組合運動、日本共産党の専従としての仕事は、それ自身が大変重要な厳しい仕事で、全身全霊をささげた。だが映画評論活動はそうした中でも、初心を忘れず少しずつねばり強くつづけた。実践女子学園の同僚の美術評論家・林文雄さんから何度も映画の研究をあきらめるな、という意見が寄せられた。この間、『赤旗』『東京民報』『シネフロント』『教育』『学生新聞』『学習の友』などに、映画評を書いている。私はこれらの文章を第一冊目の本『シネマとたたかいは私の大学』という書物にまとめて出版した。(二〇〇〇年八月)

映画は社会の対立や矛盾、人間の深い悲しみや激しい怒り、そして胸高なる喜びなどをスクリーンに映し出す。党の職員の仕事は自分をふくめた国民の苦難の軽減に努力し、国民とともにねばり強く社会を変えていく仕事であり、両者には相通ずるものがある。映画で学んだことは党の私の仕事の内容を豊かにしてくれた、と私は思っている。

いよいよ一九九九年の四月三〇日をもって日本共産党を定年退職となった。私の人生に映画の仕事に専念する時が、40年ぶりにやってきた。私の高等学校時代の初心である映画の運動、映画評論の活動を再開することとなった。

まず私の住んでいる下町(東京・荒川区)の地域では、どんなことをやってきたか。目立たない地道な活動をやってきた。『日本共産党荒川区後援会』の毎月一回出される『ニュース』に、二〇〇八年から今月までおよそ七年間『映画紹介』の記事を書いてきた。『同後援会ニュース』

は荒川区の八千世帯に配布されている。

また町屋地域のほくと医療生協の『ニュース』にも『映画紹介』を書いてきた。加えて荒川区の『年金者組合』の機関紙にも書いてきた。

また『映画紹介』とは別に、台東区、荒川区、足立区の下町で、映画評論の講師活動を行い、また山手地域の世田谷区、目黒などにも行き映画の講師活動を行ってきた。（それらの活動の一部の資料を以下に添付します。）

そして荒川区での映画上映の活動である。映画『郡上一揆』（監督・神山征二郎／2001年1月）の上映会を荒川革新懇主催で行った。当時朝日新聞夕刊（1月19日付）で取上げられると同時に、私は町屋の街で見知らぬ女性から「良い映画をありがとう」と感謝の言葉をかけられた。

全国的規模の活動では、『エイゼンシュテイン・シネクラブ（日本）』『日本映画復興会議』『映画の自由と真実を守る全国ネットワーク』、そして『大船撮影所を守る会』に加わり活動を再開した。

現在、文化分野においても自公政権の文化行政はきわめて貧困である。ヨーロッパや韓国に比べ、文化予算はおよそ十分の一である。

ここで私の経歴を紹介しておきたい。一九八八年から『東京私学退職会の会』幹事、『エイゼンシュテイン・シネクラブ（日本）』運営委員、『映画人九条の会』運営委員、『荒川革新懇』代表世話人、『日本映画復興会議』の事務局長・事務局長代理・幹事、『勤労者通信大学』階級闘争教科委員などを務めてきている。とりわけ、今井正監督や山本薩夫監督らが議長を務めてきた『日本映画復興会議』について役員が高齢化し、なかなか運営困難になっている時、事務局長代理、事務局長を引き受け組織を存続させ、今日では四〇代、五〇代の若年が中心になるところまできている。そして、映画評論家。一九九九年には『全国映連』評論賞（顧問賞）を受賞している。

「資本論読み合わせ会」特別講座
小林多喜二と映画論・映画の心
講師　羽渕三良さん
同時上映（DVD）
時代《とき》を撃《う》て・多喜二《たきじ》
生きたい　書きたい――。
とき　2014年2月22日（土）
午後2時～4時30分
ところ　足立教育会館
資料代　500円
主　催　足立労働者学習協議会
連絡先　080-3402-4925（本木）
足立区労働学校のポスター　羽渕講師をつとめる

　引き続き、映画評論出版活動の方はどうか。闘いつつ書き、書きながら闘って、六冊の本を出版してきた。それは左記の通りである。

『シネマとのたたかいは私の大学』（二〇〇〇年、光陽出版社）。『現在日本映画論』（二〇〇二年、光陽出版社）、『現在と向き合う映画と映画人』（二〇〇五年、光陽出版社）、『現在映画論』（二〇〇八年、光陽出版社）、『現在映画批評・映画評論―今日に闘う』（二〇一一年、光陽出版社）、『現在映画評論―映画評論家山田和夫さんから受け継ぐべきこと』（二〇一二年、光陽出版社）

私の本のほとんどの著書名に「現在」がついているのは、生きている現在、日本映画界が直面する課題について、向きあってきた評論集故に、「現在」とついているのである。

私は『シネマとたたかいは私の大学』では、「大船撮影所松竹の伝統の灯を消すな」の闘いについて多く書いている。『現在日本映画論』では、「小泉政治の文化切り捨て施策に反対する論文」を書いている。『現在と向き合う映画と映画人』では、二〇〇五年の『映画人九条の会』の結成とたたかいについて、力点を置いて書いている。『現代映画評論』では、「映画が自由でなかった頃、映画法の時代、映画を二度と戦争の道具にしないために」など。日本映画の歴史を研究し、今日の映画の役割を論じている。そして、『現在映画批評・映画評論』では、当時、日本映画として制作した記録映画『靖国』に対する攻撃が自民党靖国派の議員から国会でも取り上げられ、政治的介入問題が起きた。（2008～2009）これに対して詳細に国会の議事録での発言をも引用して、映画の表現の自由を守る立場から、また公的助成を発展させる立場から論陣を張っている。以上の内容の評論は後世になって日本映画史を研究、もしくは論じる時、これらの本に必ず立ち返って、正しい作業を手助けするものと確信している。

そして、六冊目の本『現在映画評論・映画批評家山田和夫さんから受け継ぐべきこと』として、山田さんの仕事から決して忘れてはならない宝物を明らかにしようとしたものである。この本の感想・意見に、ある評論家から「あなたの著書は、岩崎昶、今村太平、瓜生忠夫、北川鉄夫の理論展開をあらためて彷彿とさせてくれました。」という文章を頂いた。これは誰に対してであろうと最高の評価をいただいたと思っている。

最後に、ますます山積みする日本映画の課題、その中で健康が続く限り、闘いながら書き、書きつつ映画の活動を続けたいと思っている。

（2）『正義と真実』を追求して生きるひと――羽渕三良

実践女子学園中学高等学校元教諭　長嶋剛一

（1）

羽渕三良氏は、1958年早稲田大学第一文学部演劇科を卒業し、渋谷区の実践女子学園高等学校（実践女子大学の付属高校）の英語科教諭として就任しました。彼は大学在学中から映画評論を執筆しており、そのために浅草六区映画館街に程近い墨田区向島に学生時代から居住し、教師生活の傍ら映画鑑賞と観劇を連日のように続けて映画評論誌への投稿を行っていました（ペンネーム「田島三郎」）。時あたかも60年安保前夜、職場でも安保闘争の高揚期をむかえ労働組合の結成準備が行われており、彼はその渦中にあり中心的役割を果たしていました。

私・長嶋は同時期に同学園に就任（理科教諭）し、1960年の職場の教職員組合結成に際しては初代書記長に選出されました。映画『ドレイ工場』の学校版とも言えるような職場状況の中で、組合は、労働条件の改善と旧態然とした学校教育の民主化を目指すことに全力を傾けます。学園理事会は組合の掲げる諸々の要求を阻止するために、1962年、組合委員長（美術評論家・日本美術会理論部会員の林文雄氏・故人）と書記長（後の大東学園理事長兼校長の小尾茂氏・故人）および前書記長（長嶋）の3名をデッチ挙げ刑事事件まで起こして不当な解雇を行ってきました。この不当解雇撤回闘争はやがて学園の民主化闘争と結合して、東京私立学校教職員組合連合の『62年闘争』として、在校生、卒業生、父母、教育関係者、文化人も支援する、戦後の私立学校のあり方を変える歴史的闘いへと発展します。

その時、執行委員であった羽渕氏は今までの映画評論活動とは異なる方向へ進むことになるのです。住居も学校近く（渋谷区）に移し、職場内にあっては模範的教師として、朝は誰よりも早く職員室に出校して授業準備をする教員として、教師仲間からも信頼を一層厚く確実なものにしていきます。1964年には組合書記長に選任された彼は、教職員からの信頼は絶大なもので1969年に3名の不当解雇を撤回させる原動力となり、指導力も大いに発揮します。

或るとき、中学校と高校の全教職員参加の合同会議（マンモス校であったため100余名が出席）で理事会からの「合理化」政策＝「定年切り下げ」についての提案（理事会決定の『通達』発表）がありました。その席で羽渕氏は反対の意見を述べます。理事会代表は、その意見を一方的に否定した上で、問答無用とばかり「会議打ち切り」の宣言をして校長ら理事者は会場から退室するのですが、一般教職員は誰一人として会議室から退席する者がいませんでした。組合員は勿論のこと、非組合員の人たちもお互いに目くばせをして退席せずに羽渕氏の意見を支持する態度を示したのです。理事会はこの即座に示した全教職員の態度を見て「定年制の切り下げ」をあきらめます。この事件以後、急速に職場内での力関係に変化が表立ってみられるようになり、羽渕氏への信頼と組合の権威も高まり、3名の解雇は撤回され、この学園紛争も終結の方向へ進みます。数年後、彼は日本共産党の専従職員になるため教師生活から離れるのですが、職場を辞めるときにひと騒動ありました。彼の退職することを一般の組合員や非組合員が反対する事態が生まれたのです。このとき、当時、都議会議員の金森喜代治氏と日本共産党渋谷区の委員長の2名が来校して組合の職場大会に出席、前代未聞ともいうべき党と労働組合の話し合いが行われました。彼らは羽渕氏が日本共産党のみならず、日本の国民の将来にとって必要な人材であることを説明されたのです。組合員からは羽渕氏の退職に対し「飛車・角を落として将棋をしろというのか」などの批判が出されましたが、やがて全組合員が羽渕氏の決意を認めることになり13年間の教師生活に終止符を打つことになります。そして、この時、組合員でない人たちだけが集まった歓送会も開かれました。

(2)

羽渕氏は日本共産党の専従職員として労働運動、基地反対闘争、青年・学生運動(志位和夫日本共産党委員長とは都委員会で一緒に仕事をしたことがある。)、民主的法曹界づくりなどに関与して、党と国民のために貢献するとともに、彼自身も多くを学びとって、共産党の機関活動家としての力量を高めるのですが、定年退職後、人間的な厚みも備えて、再び映画評論活動に戻りますが、特に前述の党活動の中で日本共産党東京都委員として、三宅島の基地反対闘争で全体の責任者の国会議員の上田耕一郎氏の現地責任者（オルグ）として単身赴任で3年間の任務に就き、住民と寝食を共に活躍し、三宅島闘争の勝利に貢献したことは特筆すべき業歴と云えると思います。

（3）

退職後は、映画評論家の重鎮・故山田和夫氏の指導を受けることになり、映画評論活動の後半部分（1999年以降）では、別紙「映画評論家自己紹介」（羽渕氏自身による紹介）と共に10数年間で6冊の評論単行本発行の実績が示すように、民主的で国民大衆の側から現代の映画をどう見るかに徹していることに特徴があると言えます。それは羽渕氏が辿ってきた国民と共に在る活動の歴史と一体のものとも言えます。なかでも停滞していた日本映画復興会議の事務局長としての5年間は復興会議の顕在化のために並々ならぬ労力を注いで来ています。現在、彼は日常的に活動している範囲は居住の荒川区地域中心になっていますが、市井の映画評論家として地域新聞や私立学校退職教職員団体の機関誌に毎号映画評論を寄稿するなど、国民の映画鑑賞への関心を高める活動を続けています。

追記・参考までに

故・林文雄氏は60年安保闘争期に東京芸大生のリアリズム絵画研究の理論学習チューターとして活躍（後に多摩美術大学専任講師に就任）。著書には『運慶』、『荻原守衛―忘れえぬ芸術家』など。日本画家・宮本和郎氏も学生時代に彼の指導を受けている。

故・小尾茂氏は１９６０～70年代に大東学園の民主化闘争を推進し、民主的学園の基礎を築いた。大東学園高校の前校長・金子広志氏（元衆議院議員・故金子満広氏のご子息）や、大東学園事務長を務め映画人墓碑の会副理事長だった故・西島勝太郎氏は小尾理事長が大東学園に登用した。

（２０１７／10／５）

○長嶋剛一の経歴

１９３３年１月　浅草で生まれる。

１９５６年３月　東京理科大学理学部第１部化学科卒業

１９５８年６月　私立実践女子学園中学高等学校就任

１９９８年３月　同学園定年退職

（3）映画『靖国』を撮る

キャメラマン堀田泰寛（J．S．C）

私は映画『靖国』のキャメラマンです。下町人間の会の『スターリン秘史』の勉強会で羽渕三良氏と出会い、映画『靖国』の話をする機会がありました。その際、羽渕三良著『現在映画批評・映画評論―今日に問う―』の事を知り、その著に書かれた『靖国』の評論を読みました。権力の介入から、「映画表現の自由を守る」という立場に貫かれたその評論に心打たれました。

中国人李纓監督が映画『靖国』を制作するに到るには、それなりの経緯があったのです。その話を李纓監督から聞き、私は深い共感を覚えました。

李纓監督は、一九八九年天安門事件を契機に中国を脱出し、日本にやって来たそうです。その当時は先行きが真っ暗で、日本語もろくに喋れない、そんな中で細々と働いている時、偶然、黒澤明監督の映画『夢』を観て感動し、自分は映画をやらなければならないんだと、発奮し、日本での映像活動を決意したそうです。住んでいた所が靖国神社の傍だったこともあり、靖国神社の春、秋季例大祭の時など境内で行われていた、日本の芸能、武芸、相撲などを目にし、これが日本だと思い、ビデオカメラを向け始めたそうです。しかし、終戦記念日の靖国神社はがらりと変わり、境内には多くの軍服姿が現われ、日本国旗がはためき、忽然と戦争の記憶が甦ったように変わり、何か違和感を感じていたそうです。

そして、李纓監督は、次のような話を私にしました。

一つは、李監督が両親を中国から日本に招いた時のことだそうです。桜の季節で桜の花が綺麗だったので、両親を靖国神社に連れて行ったそうです。境内に設けられた舞台では和服を着た女性が、軍歌『麦と兵隊』に合わせ踊りながら、手にしていた紙飛行機を、支那へ、台湾へ、と飛ばしていたそうです。李監督の父親は、中国徐州の出身でしたので、この♪徐州〜徐州〜と人馬は進む〜と歌う軍歌を知っており、その様を目にした父親は、突然！戦争中の記憶が甦ってその場に卒倒してしまったそうです。それ以来、頑としてもう日本の何処にも行かなかったそうです。敗戦後六〇年経っても、此処には戦争が残っている。一体どういうことなのか。こうした事から靖国神社に目が向いたそうです。

一つは、南京大虐殺六〇周年の時、李纓監督は、その記念集会が都内某所で開かれ、そこに出席した時に目の当たりにしたことだそうです。会場では、旧日本軍が製作した宣伝映画『南京』が上映されたそうです。上映中、シーンは、旧日本軍の南京入場、国旗掲揚のシーンになり、国歌が流れ始めると、会場は感極まった様に〝ばちばち〟と拍手が巻き起こり、その音が、李纓監督にはあたかも機銃掃射音のように聞こえ、思わず耳を塞いだそうです。見ると会場には、戦争を体験したと思われる老年層ばかりではなく、若年層も沢山いて、解き明かすことが出来ない違和感を感じたそうです。中国では未だに生々しい戦争の爪跡として語り伝えられているのに、日本ではこうも違うのかと、その余りにもの違いに李監督はショックを受けたそうです。

一つは、劇映画『プライド運命の瞬間』（A級戦犯、東条英機を一人の人間として描いた映画）の伊藤俊也監督と李監督が、この映画を題材に対談した時、戦争に対する歴史認識のあまりにもの違いに驚き、映画監督としては、映画作品を通して答えを提示していくしかないと決意したそうです。

これ等の事柄が引き金となって、映画『靖国』を撮ることへ決意するに到ったそうです。

私が『靖国』のキャメラマンをどうして引き受けたかをお話しします。

それは、私が李纓監督と出会ってから五年ほどが経った二〇〇二年頃のことでした。李監督は、NHKBS特番で、中国山東省の伝統的な薬膳料理《魯菜料理》の奥義を窮めたある老夫婦の、その料理に生きる様をテレビドキュメンタリーとして制作しました。そのテレビが完成し、オン・エアの後、それを映画版『味 Dream Cuisin』に再編集し、キネコ作業により35㎜フィルムに変換した映画版を作ったのです。

その時の撮影が、李纓監督と組んだキャメラマンとしては最初の仕事でした。その長期に亘る撮影を通して、中国人監督李纓の映画に対する考え方、取り組み、才能を感じる表現力の豊かさ、執拗さ、等に深い共感を覚えました。その撮影も終盤に差し掛かる頃でした。李纓監督は、私に向かい、「南京大虐殺のドキュメンタリーを一緒に撮りませんか。」と言いました。続けて「南京大虐殺と言う日中戦争が起きた歴史上の惨劇の真実を、当事国である日本人キャメラマンと中国人監督がキャメラを通して、その実体を探り迫って行く。歴史に残されたこの戦争の現場で何が行われたのか。その事実を追求しながら、そこに見えてくる実体を掴み、目を背ける事無くフィルムに写して行く。そこに戦争の真実が浮び上がってくる筈です。そこからこの戦争が残した禍根と向き合い、日本と中国がお互いそれを乗り越え、平和と希望への道を探って行く。というのがテーマです。」と、話しました。私は心を打たれました。

この時の話が、数年後、私が映画『靖国』を撮ることへ繋がっていったのです。

映画『靖国』は、反戦映画です。

映画の中のインタビューで、刀匠が〝～戦争はいやだね～〟と呟く場面があります。日本刀を作り続け、戦火を潜ってきた刀匠の本音が吐露される場面です。この映画の最も重要な部分です。李纓監督は、この言葉を要にして、再構成していったと話していました。日本人に平和を願う心を伝えたかったのです。戦争の悲惨さを伝えたかったのです。李纓監督の言葉で言えば、〝映画『靖国』は、日本人へのラブレター〟なのです。

しかし、現実は意に反して『靖国』問題という社会現象を巻き起こしたのです。世間では、この映画を巡って、上映を巡って、半年以上に亘り映画『靖国』騒動のごった返しが続いたのです。この事態をキャメラマンとして、その全体像が容易に掴みきれないままでおりました。時を経て、羽渕三良氏の『靖国』の評論を読み、私自身が掴みきれなかった事態の流れが分かりました。この映画『靖国』は、中国人李纓監督が命を賭けて作ったといってもいいものです。羽渕三良氏は、その本質を突き的確に評論してくれたのです。

○キャメラマン・堀田泰寛

昭和14年・朝鮮平壌府出生。昭和20年・釜山港から福岡に引き揚げ。昭和35年・千葉大学工業短期大学部写真科入学。昭和38年・日映科学映画・撮影に入社。昭和43年・フリーになる。昭和44年・ATG劇映画黒木和雄監督『日本の悪霊』でキャメラマンデビュー。昭和47年・岩佐寿弥監督と『叛軍No.4』を撮る。昭和55年・自主映画『日曜日の子供たち』を監督、ATG劇映画大森一樹監督と『ヒポクラテスたち』を撮る。昭和62年・吉田喜重監督と『幕末に生きる〜中岡慎太郎』を撮る。平成7年・大重潤一郎監督と沖縄の南西諸島パナリ島で『光りの島』を撮る。平成8年・五十嵐匠監督と『サワダ～青森からベトナムへピュリッツアー賞カメラマン沢田教一の生と死～』を撮る。平成19年・中国人李纓監督と『靖国』を撮影。平成23年・ハンセン病に生きた老夫婦を撮った映画『61 ha 絆』を野澤和之監督と撮る。他多数。キャメラ一筋55年。以上。

（4）政治的介入問題

映画『靖国』問題を考える①

「映画の自由」攻撃の策動を打ち破る—五月三日、公開に行列、関心高く満席—

憲法記念日の五月三日、私は長編記録映画『靖国YASUKUNI』（以下『靖国』と略す／李纓＝リ・イン監督）の全国で最初の公開を見るために、東京・渋谷のシネ・アミューズに午前九時に到着した。十時三十分から初回上映が始まるというのに、すでに多数の行列ができていて、私は初回上映には入場できず、次いで上映される二回目の十一時からの上映を見ることができた。ロビーには上映を待ついっぱいの観客が待機していて、沖縄から来たという三人の青年男女もいた。

映画を見終わって映画館から出てくると、入口で『共同通信』の記者から、「映画を見ましたか。もし、よかったら感想を聞かしてください」と求められて、私は次のような映画『靖国』に対するわたしのホットな感想を述べた。

「『反日映画』ではなく、普通の映画でした。テーマが『靖国』ということもあって、反対する人賛成する人、激しくやりとりがありますが、私は高校の教師をしていたこともあって、学校の社会科の教材映画・文化映画を見ているといった感じでした。良くできた映画だと思います」。ごく一部の自民党の国会議員による上映妨害、そして、中止になって、今日、それらをはねのけて、初公開されたことは、大変良かったと思います。国民世論の反撃が予想を超えて広がり、これから全国でも次々と上映されていき、日本の底力を感じました」。

『共同通信』の記者はメモを取りながら、とりわけ、「学校の社会科の教材映画、文化映画」だという、私の意見に注目したようだ。

実は、上映を予定したこの映画館では、右翼団体の抗議の行動があるかもしれないと、警備体制を配置したが、そういうこともなく、夜までの全上映回数分の入場券が午後二時半で完売した。

映画『靖国』は東京のシネ・アミューズから始まり、今後、東京・シネカノン有楽町一丁目（公開開始日十日）、シネマ・アンジェリカ（同十七日）、大阪市の第七芸術劇場（同十日）、広島市のシネツイン2（同二十四日）、京都市の京都シネマ（同六月七日）、新潟市のシネ・ウインド（同七日）、高崎市のシネマデータたかさき（同七月十二日）、那覇市の桜坂劇場（同十二日）と、順次二十館以上で上映の予定が進んでいる。

まさに、侵略戦争美化・靖国派勢力の策動を事実上打ち破った、第一歩の前進といえるのではないか。映画『靖国』は二〇〇七年釜山国際映画祭正式招待、二〇〇八年ベルリン国際映画祭正式招待、二〇〇八年サンダンス国際映画祭コンペ部門招待作品である。

実は、策動は『週刊新潮』（二〇〇七年六月七日号）を媒体として、映画『パッチギ／LOVE&PEACE』への攻撃から始まった―

昨年、「反日映画」ではないか、として、『週刊新潮』が映画『パッチギ／LOVE&PEACE』（井筒和幸監督＝二〇〇七年五月公開）への文化庁の制作支援（金）に疑義の記事を掲載した。石原慎太郎総指揮の『俺は、君のためにこそ死ににいく』（公開＝二〇〇七年五月）が、『靖国史観』の映画だったのに対し、同映画は石原映画に対決した文字通り『ラブ&ピース』の映画であったこと。そして、井筒監督が出演しているテレビ番組に対して、「井筒は北朝鮮のスパイ、こんな人物をテレビに出すな」など、攻撃がかけられたこと。これらの内容については、私の著書『現在映画評論映画が自由を奪われないために』で評論しており、参考にしていただければ―。

そして、今年、二〇〇八年三月二十日号の『週刊新潮』は、「助成金七五〇万円の『反日映画』を巡る『検閲』騒動」という記事を掲載。記事の内容は、それに先駆けて、二〇〇七年十二月二十日号の同誌で、「この映画（映画『靖国』）に、中国が半日プロパガンダに用いた『捏造写真』が使われ、文部科学省所管の独立行政法人・日本芸術文化振興会から七五〇万の助成金が支出された事実」を示し、「我々の血税が回りまわって『反日映画』に使われているわけだから、国会議員が問題視するのは当然であろう」、と一部の国会議員を後押しするものであった。

その後、一部の議員の一人として有名になる稲田朋美衆議院議員とは、どんな人物か。『靖国』派の推進部隊である「日本会議国会議員懇談会」事務局次長、『伝統と創造の会』会長をつとめ、『沖縄集団自決』や、南京事件への軍の関与を否定する議論を唱えてきた人物である。

映画『靖国』公開中止に向けて
—稲田議員が文化庁に、公開前に映画『靖国』を見たいと、「検閲」ともいえる国会議員の試写会を開催させ、それに右翼ら連動—

今年二月、稲田議員は、前述の『週刊新潮』などの内容を取り上げ、「助成に疑義があるから試写を見たい」と文化庁に申し入れ、文化庁はこの映画の配給者であるアルゴ・ピクチャーズに稲田議員の申し出を伝えた。アルゴ側は当然のこととして、「マスコミの試写がありますからどうぞ」と回答した。ところが稲田議員の方は、「自分たちのグループに特別の試写を」と固執（公開前及びマスコミ試写の前に、特別の個人がある目的をもって試写を強要するのは、通常映画界ではあってはならないこと。一種の検定になりかねない）。

稲田議員のあくまでの固執に対して、アルゴ側が譲歩。文化庁が会場（東京・京橋の国立フィルムセンター）を斡旋。三月十二日全議員対象の試写会が実現した。この試写会に八十人の議員が試写を見た。この動きにさまざまな右翼団体が連動。四月に東京などで公開を予定していた映画館に電話や街頭宣伝車による攻撃がかけられ、右翼ネットといわれるネット・バッシングも激増した。

そして、映画館側が「自粛」をはじめた。東映系シネコン〈Tジョイ〉のバルト9（東京・新宿）をはじめ、「お客さんや近隣への迷惑もあり、通常の映画環境を維持できるとは思えない」（銀座シネパトス）などの「観客の安全」を口実に、四月十二日から公開上映を予定していた五つの映画館のすべてが、三月三十一日までに上映中止を決めた。

だが、四月十四日には『靖国』映画の自主試写会の動きが始まり、日本弁護士連合会と東京三弁護士会は、「表現の自由を守る立場から、映画の評価は別としてまず情報に接することが大切」と公開前の異例の試写会を弁護士会館で行い、十八日には新宿のライブハウス『ロフトプラスワン』で、右翼系団体の活動家らを対象とした試写会が行われ、呼びかけ人の一人、木村三浩・一水会代表は「見ないまま反対するのはおかしい」と語った。他方、上映中止問題とかかわって、大阪市淀川区の映画館『第七芸術劇場』は五月に予定どおり公開上映を決め、松村厚支配人は「見たい人がいるなら提供するのが役目。映画館を議論の場にしてほしい」と語った。

黙ってはいられない！
―メディアにかかわる経営団体から労組まで、「新聞の読者の欄」でも、上映中止に懸念・抗議―

四月一日には映画・演劇をはじめとするマスコミ関連の労組が「日本映画市場かってない、映画の表現の自由が侵された重大事態。政治的圧力、文化圧殺に強く抗議する」「すべての映画会社、映画館、映画関係者は公開の場を確保するように、映画人としての勇気と気概を発揮してほしい」と声明文を発表し訴えた。さらに、一日、全労連と映演労連は、与党議員の圧力から映画『靖国』の上映予定が全館で中止された問題で、青木保・文化庁長官に見解を問う連名の申し入れをした。

三日には、日本新聞協会（会長・北村正任・毎日新聞社社長）と日本ペンクラブ（阿刀田高会長）、日本民間放送連盟（会長、広瀬道貞・テレビ朝日会長）らは、それぞれ映画『靖国』中止に「残念」と談話や緊急声明を発表した。

七日には民放十社報道局長が『靖国』中止に「強い懸念」を表明。「多様な意見や主張を個々人が自由に享受し、論評・判断できる機会が、理不尽な力や嫌がらせによって奪われることがあってはならない」と。四日に全国革新懇と日本ジャーナリスト会議、さらに五日に民主主義文学会が、引きつづいてリアリズム演劇会議も五日に。日本映画復興会議が七日に、文団連が九日に、それぞれ抗議あるいは声明を出した。メディアの扱いは低調だったが、一部のテレビ局は街頭宣伝を行ったという右翼団体の青年にインタビューをするなど、意欲的な報道を行った。

さらに、『朝日新聞』三月二十七日の読者の『声』欄には、『暗黒の時代へ後戻り許すな』と題して、「様々な意見や考え方を表明することは自由である」。「意に沿わない声を力で封殺するようなことがあってはならない」と投書（会社社長・林明雄＝東京都練馬区五十四歳）。そして、稲田議員の地元、福井県では四月二十八日、「映画『靖国』を観る市民の会・福井」が発足。「観たい映画が観られなくなる、そんな暗い社会は、誰もがご免被りたい」と市民にアピール。映画鑑賞団体の『全国映連』も「私たちにとって見る機会が奪われるというこのような横暴は、映画の鑑賞者として許せません」と四月二十日にアピールした。

また、二日、福田首相は映画上映中止について、「なんで上映が中止になっちゃったか。嫌がらせとか、一部の人が特別のことを考えているのか、よくわかりません」とした上で、「もしそういうことが理由で中止になるなら誠に遺憾なことだ」と首相官邸で記者団に語った。

〝言論表現の自由への脅威〟
―毎日、朝日、読売、産経、東京、日経六紙が社説で一致―

映画『靖国』をめぐって、『毎日新聞』、『朝日新聞』、『読売新聞』、『日経新聞』、『産経新聞』、『東京新聞』が、上映中止の事態を憂慮し、各紙が社説でいっせいに書いた（いずれの新聞社も四月二日に）。

『毎日』、『朝日』、『読売』、『東京』、『日経』の五紙がそろって訴えていることは、憲法が保障する言論・表現の自由が奪われてはならない、という強い思いである。

『毎日』は「断じて看過してはならない」というタイトルで、「国会議員が公にそろって見るなど（国会議員の試写会でのことをさす＝羽渕）、それ自体が無形の圧力になることは容易に想像がつくはずだ」。「権力を持つ公的機関の人々はその言動が、意図するとしないとにかかわらず、圧力となることを肝に銘じ、慎重さを忘れてはならない」。「言論の府の議員たちこそが信条や立場を超えて横やりを排撃し、むしろ上映促進を図って当然ではないか。事態を放置し、沈黙したまま過ごしてはならない」。

『朝日』は、「表現の自由が危ない」と題して、「自由にものが言えない。自由な表現活動ができない。それがどれほど息苦しく不健全な社会かは、ほんの六十年余り前まで嫌と言うほど経験している。言論や表現の自由は、民主主義全体を支える基盤である」。「いま上映を準備している映画館はぜひ踏ん張ってもらいたい。新たに名乗りを上げる映画館にも期待したい。それを社会全体で支えていきたい」。

『読売』は、「『表現の自由』を守らねば」と題して、「憲法が保障する『表現の自由』及び『言論の自由』は、民主主義社会の根幹をなすものだ」。「こうした言論や表現の自由への封殺を繰り返してはならない」。

『東京新聞』は「自主規制の過ぎる怖さ」と題して、「自由の首を絞めているのは誰なのか。メディア側に問題はないか。映画の関係者に過剰反応はないか。議員もむろん言論の自由に注意深くあるべきだ。自主規制という無難な道を選ぶ、社会全体が自縄自縛に陥っていないか。そこに危険が露わに見える」。

『日経』は「封じてはならぬ『靖国』上映」と題して、「どんな作品であれ、公開して多くの観客の目にさらし、議論の材料にしてもらうのが表現の自由を保障した社会の基本だ」。「多様な表現を安易に封じる危うい空気が広がりはしないか、懸念を抱かざるを得ない」。

『産経』もまた、「議論あるからこそ見たい」という題で、「映画を見て、評価する人もいれば、批判する人もいるだろう。上映中止により、その機会が失われたことになる」と。

以上で、おわかりのように、「鑑賞の自由を奪うことは、言論表現の自由への脅威」という主張で、かつてないほど、『毎日』、『朝日』、『読売』、『産経』、『東京』、『日経』の六紙が、映画『靖国』上映中止に対して、一致した社説を掲載した。ここに今日の日本の良心の発端が見える。

だが、六紙の社説を子細に読めば、いろんな問題を論じており、今後すぐに取り組むべき重要な課題も提起している。例えば、『産経新聞』の社説は、「『伝統と創造の会』が試写会を要求したのは」「税金の使い道を監視しなければならない国会議員として当然の行為」「文化庁には、助成金の適否について再検討を求めたい」とし、試写会要求の国会議員らをふくめて擁護している。映画『靖国』問題から、今後我々は何を課題とし、どう考えたらいいのか。引きつづいて、本「通信」で論じて行ければと思う。

（二〇〇八・七・九）

政治的介入問題
映画『靖国』問題を考える②
皆さんは、芸術・映画・文化への国の助成について、どう考えますか

二〇〇八年三月二十五日と二十七日の国会で、水落議員と有村議員は、何を主張したか

二〇〇八年三月二十五日、水落敏栄参議院議員（自民党）は、映画『靖国』について、文教科学委員会（参議院）で次のような主張をした。

「こうした客観性に欠けるものや政治的なものを意図する映画に我々の税金が出ていることに問題があるわけであります。すなわち、文化庁が主導する芸術文化振興基金からこの映画に七五〇万円の助成金が出ていることは誠に大きな問題であると思っています」。

二〇〇八年三月二十七日、同じく自民党の有村治子参議院議員は、同じく参議院内閣委員会で、「この映画が助成金の対象として選ばれたことに疑問を呈している人々は、国民の貴重な税金の適正な予算執行について関心を持っている私たち議会人だけではありません。納税者、世論に多くの読者を持ち、世論形成にも大きな影響力を持つ大手の週刊誌も、この助成金の交付を疑問視され、問題視され、複数回にわたり疑義を呈しておられます」（『内閣委員会議事録』

第三号平成二十年三月二十七日［参議院］）（この週刊誌とは〇八年三月二十日号の『週刊新潮』が『助成金七百五十万円の〝反日映画〟』という見出しで、「我々の血税が回りまわって〝反日映画〟に使われているわけだから、国会議員が問題視するのは当然であろう」と書いたことを指す）。

さらに同じ三月二十七日の有村議員の質問に、大臣政務官（保坂武氏）が、「十分、本内閣委員会で有村先生の御教示や御指摘、またこれからのやり取りを聞いておりまして、今後、内容について適切な審査を努めるよう努力をしなければ行けないなど、こう思っているところでありますす」（内閣委員会議事録第三号平成二十年三月二十七日［参議院］）と答え、有村議員は「今政務官とし御答弁いただきました」と発言した。

これらの水落議員や有村議員の国会でのやりとりと、「今後、内容について適切な審査を努める努力をしなければならない」という結論は一体何を意味しているのか。一言でいえば、映画の作品を国会で審査し、助成金を出すかどうか選別する。つまり、『統制』を加えるということである。一九九〇年『芸術文化振興会』が設立されてから今日まで、同振興会の選考手順とルールにもとづいて映画作品を選び、助成金を給付してきた歴史を、これらの主張は覆しかねない歴史上初めての動きである。以上の自民党議員による初めての言動をどう考えればよいのか。

そもそも芸術文化振興会の助成金とはどういうものか、どういう手順と基準で助成を受ける作品が選ばれてきたか

映画『靖国』（記録映画）も、また二〇〇六年度に、『芸術文化振興会』の選考の手順とルールによって選ばれて、同振興会から記録映画として七五〇万円の助成を給付された。

『芸術文化振興会』は、広く国民が芸術文化に親しみ、映画制作者が新し文化を創造していくことのできる環境の醸成と、その基盤の強化をはかるために一九九〇年に発足した。一九九一年から具体的な映画制作助成が始まった。一九九四年度での原資は六一一億五六〇〇万円。その内訳は政府出資金が五〇〇億円、民間出資金が一一一億五六〇〇万円。助成対象とする映画作品は劇映画、記録映画、アニメ映画の三つの分野があり、一つの作品について、二五〇〇万円から五〇〇〇万円の助成給付がある。例えば二〇〇六年度でいえば、応募件数は九十六作品、選考されて助成された交付件数は二十二作品、いわゆる当選率は二十二・九％である。

その選考の手順とルールとは何か。例えば二〇〇八年度では『審査の仕組み』として、「助成金の交付を適正に行うため、芸術文化に広くかつ高い識見を有する十三名の委員で構成する芸術文化振興基金運営委員会（委員長　海老澤敏氏）を設置」し、『審査体制』をとり、平成二十年度（二〇〇八年度）の審査にあたっても全体で九十名の専門家を委嘱し、これらの委員

によって審査を行いました」と、『審査経過』とともに文章で公表している（この審査の手順と内容は設立当時から基本的に同じである）。

そして、もう一つ。一九九一年の『同振興会』の設立の際、規定の一つに、「政治的または宗教的宣伝の意図あるもの」を選考から除外するとあり、この解釈はいわゆる政治的宗教的CMやPRに類するものという解釈でいく、と決めている。

ところが、そのことで、三月二十七日の内閣委員会で有村議員が、「宗教的または政治的な宣伝意図有しないもの」という前述の規定をとりあげ映画『靖国』がそれにあたる、と故意に曲解した発言をし、これに対して政府参考人（尾山真之助氏）は、設置当時の同振興会の規定の解釈の立場で次のように回答している。

「政治テーマを取り上げること（例えば、映画『靖国』の場合のように＝羽渕）と、政治的宣伝意図を有することとは一応分けて考え」、『同振興会』の専門委員会も、映画『靖国』は政治的テーマを取り上げていても、政治的な宣伝意図を有しない、と審査し、映画『靖国』を審査基準にもとづいて、七五〇万円助成したことをきっちりと回答している（内閣委員会議事録第三号平成二十年三月二十七日［参議院］）。

したがって、有村議員の主張は、同振興会の選考手順と基準に照らして、映画『靖国』への不当な攻撃であることは明らかである。

本来、芸術・映画・文化に対する国の助成はどうあるべきか

二〇〇八年七月十二日、日本映画復興会議主催、『映画人九条の会』協賛で、「映画の自由と公正な映画助成を考える」というシンポジウムを、東京・京橋・フィルムセンターで行った。この企画の目的は、国会で有村議員らが映画『靖国』への、同振興会が給付した七五〇万円の助成を、その助成に疑義があるとして、これまで進められてきた同振興会の助成の手順とルールを壊し、映画助成に対し「指導」と「統制」を加えようとする動きを警戒。まさに『映画の自由と公正な映画助成は』どうあるべきか、を共に考え行動を起こすためである。

このシンポジウムで、パネラーの一人、一橋大学大学院法学研究科教授の阪口正二郎氏は、「芸術文化への助成の判断は、政治的影響力から切り離し、専門家の判断に委ねること」「もし、その専門家に対し政治が介入しようとする場合、専門家はそれと闘うこと」。換言すれば、「文化への助成は、そうした文化の自律性が維持できるシステムを構築すること」が大切だ、と提起した。考えてみると、一九九一年から芸術文化振興会が映画制作の助成援助してきている手順とルール・システムは、専門委員に委嘱、選考の判断をそれらに委せており、阪口教授の提起にそったものである。

さらに、同シンポジウムでは、「同振興会と専門委員を文化庁主導から完全に切り離すこと」の重要性や、「今日、劇場で上映される劇映画の制作費は、一本平均三億円かかり、したがって、

真に日本映画の多様な制作を支援しようとするなら、現在の支援金、二五〇〇万円から五〇〇万円という額を、大幅に増額して少なくとも劇映画の制作費三億円の半分の、一億五〇〇〇万円ぐらいを出すべきだ」という、今後の方向の発言が、映画制作者で映画監督の大澤豊氏（『日本の青空』の監督）から出された。

三月二十七日の内閣委員会における有村議員の主張は、―選考専門委員に『映画人九条の会』のメンバーがいると―

表記の国会の委員会で、有村議員はもう一つ看過できない重大なことを主張している。「専門委員の一人であるY氏」。「Y氏は『映画人九条の会』のメンバーであり、『九条の会』というのは、御存知の通り、憲法九条をめぐって護憲とその立場で政治的メッセージを明確に打ち出しいらっしゃる団体です」（内閣委員会議事録第三号平成二十年三月二十七日［参議院］）と。

まさに、『映画人九条の会』のY氏が専門委員だから、映画『靖国』が選考され、映画『靖国』は七百五十万円を給付された、と言わんばかりの主張である。これをどう考えるか。このことについて、『映画人九条の会』が「映画『靖国』をめぐり、『映画人九条の会』への不当な非難的言及に抗議する」という抗議文を四月十日に発表している。その中で―。

「とくに助成承認にかかわった専門委員（審査員）の思想・信条にまで立ち入り、一委員が『映画人九条の会』のメンバーであること」を問題視。「これは、一九四〇年代末から一九五〇年代前半にかけてアメリカの下院非米活動委員会が強行した〝赤狩り〟＝ブラックリストづくりに匹敵する暴言」であり、『映画人九条の会』は、「このような理不尽な言及と非難を黙視することはできません」と強く抗議した。

まったく、その通りである。今日、有村議員らの攻撃はここまできていることに、最大の注意を払うことを忘れてはならない。

映画『靖国』への上映中断を作り出し、七五〇万円の助成金の取り消しを迫る、これらは一体、どういう動きなのか

有村議員らの映画『靖国』の公開上映中断の攻撃は、それだけに止まっていない。さらに踏み込む。つまり、有村議員は映画『靖国』の刀匠の出演者に直接電話をかけ、「出演場面の削除を求める」という介入を行い、また、靖国神社の場面には無断撮影があるとして、映画『靖国』作品そのものの存在を脅かす攻撃に進んだ。このことについて、前述のシンポジウムのパネラーの一人、映画『靖国』の配給協力・宣伝担当の岡田裕氏は―

「李纓監督と刀匠の方とは、昨年五月にも心よく思っている関係が、今年の二月も監督は刀匠からコメントをもらっている」「靖国神社側との問題でいえば、監督の撮影に撮影日ごとに靖国

神社側の記録にちゃんと書き込まれて、映画を撮っており、許可をえないで撮った夜の場面は、他のメディアも同様に撮っていたことがわかり」、ことはすべて落着。「今日全国で四十館にわたって上映、もしくはこれから上映される」状況である（五月三日の段階では二十館）と語った。

そして、映画『靖国』の問題は、「表現の自由」への攻撃として、また、『映画人九条の会』への攻撃として現れている。映画館の支配人のレベルのものではなく、上からの自粛の攻撃であり、今日の道路特定財源の不正問題を追及する世論に乗った文化助成に対して、「反日映画」に血税が使われていいのか、という巧妙な攻撃である。これらの攻撃は「すべて横一線につながっていないのか」「映画『靖国』への攻撃は、今日の日本の情勢が生み出している最も典型的な攻撃ではないのか」と、岡田氏はシンポジウム参加者への問題提起を行った。

有村議員らの攻撃に負けて、かりに映画の制作者が芸術文化振興会の助成を受けんがために、節を曲げたり、自粛するという動きが起こったらどうなるのか。もし映画制作への「統制」が強まり、戦前の日本映画のように良心的な作家は弾圧され、国策映画が横行するようになったらどうなるのか。そうなったら、日本の映画・文化・芸術・社会はどうなるのか。

まさに、「映画『靖国』問題」はそうした問題である。国会での審議の内容にも敏感になり、具体的な一つ一つの攻撃に反撃していかなければならない。

（二〇〇八・九・三）

映画論「映画とは何か」を考える

―映画『靖国』に対する自民党国会議員の国会における攻撃と、その内容から―

皆さんは日中合作長編記録映画『靖国』に対して、自民党の稲田朋美衆議院議員らの攻撃により、右翼が連動し、今年の四月にあらかじめ上映を予定していた映画館が「自粛」という理由で上映を中止、表現の自由にかかわる重大な事態があったことについてご存じでしょうか（改めて問います）。

この「言論表現の自由」への脅威に対して幅広い世論が機敏に立ち上がって、憲法記念日の五月三日に、この映画が東京渋谷シネ・アミューズで上映開始されました。今日では、全国四十ヵ所にわたって、上映されており、言論表現の自由にとっての逆流に対して巻き返し、一歩も二歩も前進することができたと思います。

最近の例でいいますと、高知県では四万十市につづいて、高知市でも「映画『靖国』を高知で見る会」が主催し、七月二十一日に上映され、県民文化ホールに約一一〇〇人が参加、鑑賞しました。高知市の上映の場合、男の声で「上映すれば爆破する」という電話が入り、高知新聞は上映前の七月十八日に「上映にエールを送ろう」という社説を掲載。「言論や表現の自由は、民主主義の国では何ものにも代え難い貴重な価値を持っている。私たちは、それを脅かそうとする行為を批判」する。「自由にものが言える社会を守るために、市民も『靖国』上映を応援し、もり立てていきたい」と世論に訴えた。上映当日は、「物々しい雰囲気の中で、観客は静かに映像に見入り、この映画の後半の主人公の刀匠（刈谷直治氏）が土佐弁で話す場面では笑い声も」（高知新聞二〇〇八年七月二十二日）出たと報道している（刈谷氏は高知に住んでいる）。

自民党国会議員は国会でどんな「質問と主張」をしたのか

まず最初に、二月十二日、自民党の稲田朋美衆議院議員が映画『靖国』に対して、文化庁所轄の独立行政法人日本芸術文化振興会が、制作費を七五〇万円の助成金を給付したことへの助成の妥当性を問いかけ、文化庁に映画『靖国』のマスコミ試写会以前に、事前の試写会を申し入れた。特別の個人およびグループがある目的を持って。事前に試写を強要することは、一種の検閲であり、あってはならないことである。文化庁は与党の国会議員に弱腰で、結局、異例の試写会が文化庁のイニシアティブで実施され、議員およびその関係者八十名が試写を見た。

これが前述のように、公開上映を予定した映画館の「自粛」中止への事態へさらに進めた。稲田朋美議員ら、自民党の議員が、国会で映画『靖国』に対して、どんな「質問と主張」を行ってきた。国会議事録にもとづいて再度たどってみたい。「言論表現の自由の問題」とともに、彼らの文化・芸術・映画についての、無教養ともいえる側面が浮かび上がってきて、逆に映画とは何かを考えさせるものとなる。

「Y氏は映画人九条の会のメンバー、ご存じでしたか」（有村議員）

まずは、内閣委員会（参議院）の平成二十年三月二十七日（以下の有村議員の発言は内閣委員会議事録第三号平成二十年三月二十七日［参議院］よる）の有村治子議員の政府参考人（尾山眞之助氏）に対する質問は次の内容である。

「専門委員の一人であるY氏」「Y氏は『映画人九条の会』メンバーであり、その旨の発信をされていることを日本芸術文化振興会は御存知でしたか、『九条の会』というのは、御承知のとおり、憲法九条をめぐって護憲という立場で政治的メッセージを明確に打ち出し活動されていらっしゃる団体です。その『映画人九条の会』メンバーであること、御存知でしたでしょうか」「Y氏の政治的思想的活動が当該映画の助成金交付決定に影響を与えたのではないか」。なお、この質問に出てくる専門委員というのは、映画についての幅広い学識を持つ人の中から、日本芸術文化振興会が選任し委嘱された専門委員が、制作者が支援金を願って提出してくる映画作品の企画から、支援されるべき作品を選ぶのである。この専門委員の中にY氏という『映画人九条の会』のメンバーが入っており、映画『靖国』に対して七五〇万円の給付が出たのは、そのY氏の影響力で、そうなったのではないか。有村議員は政府参考人にそう詰め寄っているのである。このことをどう考えるか。これは大変重要な問題と言わなければならない。

一つは、国会議員や公務員は憲法を守り、いわんや国民の思想信条の自由を先頭に立って守らなければならないはずなのに、『映画人九条の会』メンバーが専門委員に選出されていることに対して、特定の政治的イデオロギーに立つ活動だと決めつけていること。この言動は許されないことだ。

二つは、前述の『映画人九条の会』の抗議文にもあるように、その言動は世界映画史の視点から言うと、一九四七年、アメリカ下院の非米活動委員会が「映画産業への共産主義の浸透」を調査するという名目でハリウッドの進歩的な映画人のリストをつくり、委員会に証人として喚問した、あの悪名高きアメリカの映画人への「赤狩り」を想起させるものである。断じて許すことはできない。

（なお、アメリカのそうした「赤狩り」に対して、ハリウッドの十人の映画人がアメリカ憲法が規定する言論の自由と黙秘権を行使して、喚問を拒否して闘ったハリウッド・テンと呼ばれている）

「映画『靖国』は中国映画。中国映画になぜに日本の金が出るのか」（水落議員）

つづいて、平成二十年三月二十五日の文教科学委員会で、水落敏栄議員が次のような質問と主張をしている（以下の発言は文教科学委員会議事録第二号平成二十年三月二十五日［参議院］）。「文化庁にお尋ねしますけども、この映画（映画『靖国』のこと）は、日本映画でしょうか」「監督の李纓は中国人であっても、共同プロデューサーには日本人の名前もありますけれども」「しかも、タイトルは〝ＹＡＳＵＫＵＮＩ〟と英語で示されています」。「助成の対象となるものは日本映画でありますから」、「この点について文化庁の答弁を聞きたい」。

これに対する文化庁の回答は、前述の水落議員の質問に対して、政府参考人（高塩至氏）が正解の回答で応えており、それを紹介しよう。

政府参考人（高塩至氏）「独立法人の日本芸術文化振興会の」「映画制作活動の助成金対象者につきましては」、「過去に国内で一般公開された日本映画を製作した実績を有する団体」で、「日本映画とは、我が国の法令により設立された法人により制作された映画であり」、「また、外国の制作者と共同制作された映画につきましても、日本芸術文化振興会がその著作権の帰属につきまして検討して」、映画『靖国』はそれらの基準に該当し、「日本映画として認めているところでございます」。これ以上、適確な回答はなかろう。

そもそも、水落議員は日本と世界の今日の映画の状況をまったく知らないと言わざるをえない。近年国際的な共同制作が映画づくりで大きな流れとなっている。最近日本が関わった共同制作作品を見てみると、『風の絨毯』二〇〇三共同制作国・イラン／制作会社・投資会社・配給会社など、ワールドシネマ・ソニー・ピクチャーズ／監督・カマル・タブリージー／キャスト・柳生美結・ファルボー／共同制作の背景、内容・日本・イラン両国が舞台設定。『鳳凰わが愛』が二〇〇七（共同制作・中国／制作会社・配給会社など・角川映画・香港新華傳媒集団など／監督・ジヌ・チェヌ／キャスト、中井貴一、ミャオ・ブウ／共同制作の背景・内容・プロデューサーが、中国人監督と、中国で人気の高い日本人俳優に持ちかけ、共同制作）（『キネ旬総研白書／映画ビジネスデータブック２００８』）。以上のごとく、近年日本が関わった主たる共同制作作品は、前記の『キネ旬総研白書』によると、一九九九年から二〇〇八年までの十年間に五十二本作品もある。

今日、映画の国際的共同制作化について、テレビでも宣伝され、国民に一般的に知られており、水落議員は、質問の前に調査して準備して国会に臨むことが期待されるのではなかろうか。

「手段を選ばない取材、撮影でトラブルを起こしている」（有村議員）

つづいて、平成二十年三月二十七日、内閣委員会（参議院）で有村治子議員が「映画の中で」「登場されている刈谷直治さんは」「実際には映画でキャストになることを全く知らされておらず、このことを承諾されていない。」「知らない間にキャストに仕立て上げられた刈谷さんのお気持ち、希望を無視して上映を重ねるなど」「撮影が禁じられている場所や時においても撮影」（内閣委員会議事録第三号平成二十年三月二十七日〔参議院〕）と質問と主張を述べている。これをどう考えるべきか、と同時に我々が考えなければならないことは——。

有村議員は二〇〇八年八月二十五日、刈谷さんの自宅に電話をして、撮影の経緯を尋ねている。何よりもまず、国会議員が映画『靖国』のキャストに対して、同映画に出演しているかどうかを了承しているかどうか、電話をかけたこと。それ自体を一体どう考えるか。

羽田澄子さん（記録映画作家）は、「有村治子参院議員が映画に登場した人と電話で連絡をとり、国会で『本人は自分の映像が使われることを了承していない』と発言しています。しかも本人は、週刊『アエラ』の取材に削除を求めたことはないと答えています。映像を使うことを本人が認めていれば、肖像権は問題になりません。むしろ国会議員が映画に登場する人にそういうことを聞く方がよほど問題です。これはある意味で非常に政治的な動きです」（「全国革新懇ニュース」二〇〇八年五月十日）。

また、是枝裕和監督は「部外者である国会議員が調査したというのは、政治家という権力を持った人間が、被取材者と取材者の間に土足で入り込んだも同然」「そうした行為は、被取材者と取材者の関係を一瞬で壊すことになりかねません。」

（『しんぶん赤旗』日曜版二〇〇八年四月二十日）――と。

さらにこのことについて、映画『靖国』の配給協力・宣伝を担当した岡田裕（アルゴ・ピクチャー代表）は、「李纓監督と刀匠・刈谷直治さんとの間柄は、今年の二月も監督は刀匠からコメントをもらっている」（七・十二日本映画復興会議・映画人九条の会の『映画の自由と公正な映画助成を考えるミニ・シンポジウム』）と発言している。そして本論考の前段で述べたように、刀匠・刈谷さんの住む高知市で映画『靖国』は上映されている。どちらが道理があったか。すでに正解が出されている、と言ってよかろう。

有村議員のもう一つの質問。靖国神社の「撮影が禁じられている場所や時において撮影した」という発言について、どう考えるか。

これについても、また、前述の『映画の自由と公正な映画助成を考える』のシンポジウムで、前述の岡田氏は、「監督の撮影は撮影日ごとに靖国神社側の記録にちゃんと書き込まれていて、映画を撮っており、許可をえないで撮った夜の場面は、他のメディアも同様に撮っていたことがわかり」、ことはすでに一件落着と発言している。有村議員の前述の行為は国会議員としても、厳しく言えば、人間的にも許されないもの。そして、映画『靖国』作品そのものの存在を抹殺しかねないものだと言わざるをえない。

映画『靖国』は、「反靖国プロパガンダだ。極めて客観性に欠ける」（水落議員）

私が最後に問題にしたいのは、平成二十年三月二十五日の文教科学委員会（参議院）における水落敏栄議員の次の質問と見解である。

「客観性に欠ける映画であって、助成の対象にならない」。水落議員は、「客観性」という同じ文言で質問を繰り返している。「明らかにこれは中国の映画であって、そして客観性に欠ける映画だ」（以上、文教科学委員会議事録第二号平成二十年三月二十五日［参議院］）と。水落議員の「客観性」の議論は、映画とは何か。映画論の重要な部分に対して、攻撃的に問題を投げかけている。

この投げかけは、「映画とは何か」、という問題にかかわる映画の要の問題であるといえよう。

映画の歴史には――。舞台の演劇をカメラを一ヵ所に位置づけて、撮影し、それが映画だ、というごく短い時代があった。日本では歌舞伎の舞台をカメラを固定して撮って、それが映画だとしていた時代があった。そこから進んで歌舞伎の舞台を何ヵ所かにカメラを移動させ、俳優の顔にカメラが近づいて、アップで役者の顔を撮ったり、歌舞伎の二階席にカメラを設置して、舞台全体をロングで撮ったり、あるいは、カメラを劇場の真中辺りに置いたり、舞台からして左右に置いたりして撮影したり、あるいは、歌舞伎を見る観客の反応を入れたり、そうして撮影されたフィルムを組み合わせて映画にする。

つまり、カメラの位置を変えて撮ったフィルムとそのフィルムの組み合わせで（モンタージュ）で映画は進化・飛躍した。まさしく映画的機能を進化・発展させて、いっそう歌舞伎の舞台の映画をおもしろくした。さらに、まとめていうと演劇の観客は、常に自分の位置している一ヵ所の場所から演劇を見ているのに対し、以上のようにして作られた映画の観客はカメラの位置とともに刻々変化したものを見ることができるようになった。この時、映画は演劇から脱却し、映画として飛躍し、新たなる映画の誕生を迎えた、といってよい。

映画評論家の今村太平氏は、そこの所を「演劇の観客は」「つねに釘づけされ」、「映画の観客はその視点は自由である」（『映画の本質』）と、そのように言っている（以下、「」の内容は前述の『映画の本質』から）。このようにして、今日の記録映画や劇映画をふくむ映画の原点と映画の骨格が生まれた。前述のように今村太平氏は、「映画の観客のその視点とは、カメラの視点であり、カメラマンと映画監督の視点であり、それらの監督とカメラマンの視点は、監督とカメラマンによって選択された主観による視点である」。以上のようにして、映画は映画作家の考え方や思想を表現することができるようになったのである。さらに、映画監督は社会に奉仕する映画も作れるようになった。

したがって、今述べたような「主観性」はあっても、水落議員がいうような「客観性」は映画にはない。今村太平氏は、「もしドキュメンタリーの監督が『中立』に立つときは、映画はたんなる模写となろう」とドキュメンタリーの伝統をふまえて、至言している。

以上の内容を映画『靖国』の「客観性」の論議とかかわって、映画監督・作家の森達也氏は、「ドキュメンタリーは」「主観的な表現行為だ。客観的なドキュメンタリーなどありえない。中立であるべきだというのはドキュメンタリーに対するリテラシー（読み取る力）を欠いた要求だ。」（朝日新聞／二〇〇八年四月三日）と言っている。

水落議員が以上のような内容の映画文化について、発言を準備、調査して質問したのか、どうかわからない。だが大事なことは、芸術・映画など文化内容については、政治家は口出しせず、以上述べてきた映画文化を熟知している専門家にまかせることが肝心なことではないのか。そのこともあって、日本芸術文化振興会の映画助成にあたって、前に述べたように、同振興会が委嘱した専門委員によって、これまでも助成すべき映画企画作品を選定しているのである。

私はこれまで国会議員による国会での「質問と主張」について、映画『靖国』は中国映画だという見解に対して、今日の日本と世界の映画作りの国際的映画共同制作の現状を述べ、映画『靖国』のキャストの刀匠・刈谷直治氏に、その国会議員が電話をかけたことに対して、極めて非常識と述べ、また、映画の「客観性」や文化芸術の問題については、政治家は専門家にゆだねることを述べてきたが、これら自民党議員たちの映画『靖国』に対する攻撃の本質は、どこにあるのか、このことを最後に言っておきたい。

一言で言えば、以上のように見てきて稲田朋美・有村治子・水落敏栄氏ら自民党国会議員の国会における「質問と主張」は、映画『靖国』に対する『芸術文化振興基金』からの公的助成支援への攻撃であり、映画文化に対する政治的介入という攻撃であるということ。今後もこうした動きを敏感に見落とさず、国民的世論で、国会の論戦においても、包囲し正していく必要があると思う。

（二〇〇八・八・一〇）

『私学退職教通信　No.64』
『私学退職教通信　No.65』
『葦《あし》立ち　No.24』

『現在映画批評・映画評論―今日に問う』（二〇一一年出版から再録）

（5）民主的映画運動の最前線で戦った羽渕三良の軌跡

日本映画復興会議代表理事　桂　壮三郎

◆日本映画復興会議事務局長として民主的映画再生の戦いの軌跡。

羽渕氏は、実践女子大学美術史科助手の時期につづく高等学校部の時代、学園の民主化闘争の先頭に立ち民主化闘争を指導するなどその活動は闘争仲間から絶大な信頼を得ます。又、羽渕氏は日本共産党の党員として三宅島米軍基地反対闘争に参加し島民と共に闘い軍事基地を阻止する歴史的な勝利を勝ち取ります。現在も共産党員としても社会変革の運動の前線に立って活動を進めています。同時に、羽渕氏は、日本映画復興会議の幹事として「日本の映画文化と映画産業を民主的に復興し発展させること」をめざす映画運動家としても精力的に活動しています。

日本映画復興会議は、戦後の民主化運動の流れを受け継ぎ新しい映画運動の団体として、映画産業の労働組合、独立プロ、映画芸術家、映画普及事業者、鑑賞者が結集した1961年に設立された団体です。1960年後半から映画観客数の下降と共に急激に変化してきた映画産業の変化に映画人の危機感は広がり、再び「映画の輝きを取り戻そう」と呼びかけ映画運動のさらなる健全な発展をめざし、映画を創る側の人達と映画を観る側の人達が一緒に議論する幅広い組織として日本映画復興会議は活動してきました。しかし、日本映画の産業的文化的な激変のなかで日本映画復興会議運動も衰退を余儀なくされ、その危機的な状況を総括し新しい方針のもとに羽渕氏は日本映画復興会議の事務局長に就任し、日本映画復興会議運動の様々な課題に正面から向き合い事務局長として運動方針遂行に向けて積極的に取り組みました。同時に、映画復興会議は文化団体連絡会（文団連）に参加し民主的文化運動全体の向上にも貢献しています。

日本映画界の民主的映画運動の無視と排除の歴史の中で映画復興会議は羽渕事務局長を中心に大きな役割を果たしてきました、国や政府との交渉、撮影、照明、編集等の映画職能団体との交流、第一線で活躍している映画人を呼んでの講演、日本映画資料の編纂、そして、毎年開催される日本映画復興賞の贈呈式などの活動、ベトナム、ロシア・韓国の映画人との交流など日本と世界に目を向けた活動を積極的に行ってきました。その先頭に立ったのが羽渕氏であります。羽渕氏は日本映画復興会議の火を消すわけには行かないとの信念のもと若手の育成に力を注いできました。その献身的で積極的な姿勢は映画復興会議を劇的に変化させる力となり、復興会議役員の高齢化問題を組織的論議の中で若い後継者を育てる方針をたて復興会議を前進させました。この一連の羽渕氏の献身的な組織活動を高く評価するものです。また、会員からの信頼は厚く復興会議になくてはならない存在として今も積極的に活動を続けております。

◆民主的映画評論家としての戦いの軌跡。

傍ら、羽渕氏は、日本映画復興会議の代表委員を務めていた映画評論家の故山田和夫氏の指導のもとで本格的な映画評論家の活動を開始しました。羽渕氏は演劇や映画を学ぶために早稲田大学演劇科に進学し在学中に映画雑誌に映画批評を積極的に投稿し脚光を浴びました。投稿した『映画の「嘘」と「真」の岐れ目」と「真実の岐れ目」の論文は当時のキネマ旬報に掲載され鋭い論文として映画界で話題を呼びました。

その後、本格的に活動を始めた評論活動では民主的で庶民的な感覚を最も大事にしたものであり社会の真実を分かり易く語る羽渕氏の映画評論は他の映画評論家の追随を許さない存在であります。そして、出版活動にも庶民の目線を大事にした日本と世界の映画をどう見るかなど平和と民主主義を基調とする優れたもので、その時々の日本映画の現実と矛盾と向き合いながら映画への愛情を内包した羽渕氏の独創を語るものであります。私は、羽渕氏の出版活動を高く敬意を表すものです。

2000年に出版された『シネマとのたたかいは私の大学』では伝統ある松竹映画の大船撮影所の灯りを消すなと映画に於ける撮影所の重要性を強く訴え多くの映画人や映画愛好者か

ら大きな共感を得ました。２００２年には『現在日本映画論』を出版し、当時の小泉政権の文化切捨て施策に反対する論陣を張り我が国の文化政策の重要性を論じています。又、２００５年の『現在と向き合う映画と映画人』では、米国の同時多発テロ事件を始まりとし、その後の歴史的重大事態に世界と日本の映画と映画人はどのように向き合いどのように活動しているかを詳しく分析した優れた評論集になっています。そして、最も羽渕氏が力を注いだ憲法破壊を許さない問題に取り組み『映画人九条の会』の結成に参加し世界と日本の映画人が平和を求める良質な映画の制作環境の重要性を羽渕氏は強く訴えています。その論考を通じて羽渕氏の憲法改悪に反対する強い決意が読み取れる内容になっています。

２００８年に出版された『現代映画評論』と２０１１年に出版された『現在映画批評・映画評論』では、映画が自由でなかった戦争時代の映画法などの歴史研究を深く考察し、映画を二度と戦争の道具に使わせてはならないと羽渕氏は今日の映画と映画人の役割に強く言及しています。又、表現の自由を守る問題など国家権力の介入を許さない映画運動の重要性を詳しく説得力のある論評を展開しています。我が国の製作助成於いて一部右派の議員から攻撃された記録映画『靖国』に対する自民党靖国派の国会議員からの執拗な攻撃に羽渕氏は映画の表現の自由を守る立場から強く抗議し、国の製作助成を発展させる立場から堂々と論陣を張りました。

２０１３年の出版である『現在映画評論―映画評論家山田和夫さんから受け継ぐべきこと』

では、尊敬する評論家山田和夫さんの意思を引き継ぐ決意を羽渕氏は明らかにしています。日本映画の現代史に於いて60年安保闘争の直後、山本薩夫監督の『松川事件』と『武器なき斗い』の作品への全面的否定と山本薩夫抹殺論の攻撃をかけてきた大島渚監督グループに対して山田和夫氏は論陣を張り論理的に理性的に反論した山田和夫氏の闘いを羽渕氏は、改めて今日の視点から再度詳細に研究し山田和夫氏の誇るべき業績を高く評価しています。この問題に於ける羽渕氏の評論は民主的な映画運動を激励するものであります、その羽渕氏の評論に、ある高名の評論家から「あなたの著書は、岩崎昶、今村太平、瓜生忠夫、北川鉄夫の理論展開を彷彿させるものであると」激励されなど日本と世界の民主的な映画運動に目を向けた羽渕氏の評論活動を称賛するものです。

◆荒川区での草の根からの文化活動の軌跡。

羽渕氏は荒川区に住み、日本共産党の荒川区の後援会の機関誌に映画紹介を毎回欠かさず掲載しており、その映画記事は大変評判が高く東京の全体の後援会機関誌に映画紹介記事が紹介されているのは荒川区だけとの評判であります。地域の貴重な文化活動として羽渕氏の地域に対する思いが伝わります。2008年からの後援会ニュースで紹介された映画は既に70本を超えており8千世帯に配られており、荒川区にお住いで『下町人間の会』の役員の方々をはじめ幾人かの方々との映画評論を通じての交流も盛んに行い、文字通り庶民の目線から映画運動と地域の活動は融合された羽渕氏の活動です。

最後に、羽渕氏は共産党員としても社会変革の先頭に立っております。数少ない日本共産党員の映画評論家として活躍するなど『日本映画の反戦・平和・反核の積極的な系譜と伝統—学徒出陣70周年の年にあたって』(『前衛』二〇一三年九月号)を発表し、日本共産党の映画批評家として多くの映画人から厚い信頼を得ています。

○桂壮三郎の経歴

桂壮三郎は、羽渕氏と同じく日本映画復興会議に参加し、会の代表幹事を務め、映画プロデューサーとして1994年に日活を退社後に独立プロダクションを設立し今日に至る、初期の作品は長編アニメーション映画の製作が主で、『5等になりたい。』『ガラスのうさぎ』等をプロデュースする。初の劇映画は、2010年映画『アンダンテ稲の旋律』(原作:旭爪あかね)を新妻聖子、筧利夫の主演で映画化し、その年の日本映画製作者協会の最優秀プロデューサー賞を受賞し、映画界の話題を集める。

2作目の劇映画として、1959年に米軍のジェット戦闘機の墜落による沖縄の悲劇を描いた映画『ひまわり〜沖縄は忘れないあの日の空を〜』(2013年度作品)を製作し、全国の話題を提供する。２０１７年には、『しんぶん赤旗』に連載され好評を呼んだ柴垣文子原作の『校庭に東風吹いて』を沢口靖子主演で映画化する。本作は現在も全国で公開中。

『アンダンテ』

『ひまわり』

羽渕三良（はぶちみよし）

一九三六年兵庫県養父市八鹿町に生まれる
一九五八年早稲田大学第一文学部演劇専修学科卒業
映画評論家、一九八八年から『東京私学退職者の会』幹事、『エイゼンシュテイン・シネクラブ（日本）』運営委員、『映画人九条の会』運営委員、『荒川革新懇』代表世話人、『日本映画復興会議』事務局長・幹事、『勤労者通信大学』階級闘争教科委員などをつとめる
「全国映連・評論賞（顧問賞）」受賞（一九九九年）

著　書
『シネマとたたかいは私の大学』（二〇〇〇年、光陽出版社）
『現在日本映画論』（二〇〇二年、光陽出版社）
『現在と向き合う映画と映画人』（二〇〇五年、光陽出版社）
『現在映画評論―映画が自由を奪われないために』（二〇〇八年、光陽出版社）
『現在映画批評・映画評論―今日に問う～』（二〇一一年、光陽出版社）
『現在映画評論―映画評論家山田和夫さんから受け継ぐべきこと』（二〇一三年、光陽出版社）
『現在映画批評・映画評論―日本映画が色とりどりに、豊かに花開くために』（二〇一八年、光陽出版社）

現在映画批評・映画評論
日本映画が色とりどりに、豊かに花開くために

2018 年 2 月 1 日発行

著　者　羽　渕　三　良
発行者　明　石　康　徳
発行所　光 陽 出 版 社
〒 162-0818 東京都新宿区築地町 8 番地
TEL03-3268-7899　FAX03-3235-0710
印刷所　株式会社光陽メディア

Miyoshi Habuchi Printed in Japan 2018
ISBN 978-4-87662-605-2　C0074